该专著获广西民族大学民族特色学科政治学建设经费（301050110）资助

集中连片特困地区贫困治理探索
（2011—2021）

广西的实践与经验

温顺生　著

九州出版社
JIUZHOUPRESS

图书在版编目（CIP）数据

集中连片特困地区贫困治理探索：2011-2021：广
西的实践与经验／温顺生著 . -- 北京：九州出版社，
2022. 1

ISBN 978－7－5108－7867－1

Ⅰ.①集… Ⅱ.①温… Ⅲ.①扶贫—概况—广西
Ⅳ.①F127.67

中国版本图书馆 CIP 数据核字（2022）第 008464 号

集中连片特困地区贫困治理探索（2011—2021）：广西的实践与经验

作　　者	温顺生　著	
责任编辑	赵晓彤	
出版发行	九州出版社	
地　　址	北京市西城区阜外大街甲 35 号（100037）	
发行电话	（010）68992190/3/5/6	
网　　址	www.jiuzhoupress.com	
印　　刷	唐山才智印刷有限公司	
开　　本	710 毫米×1000 毫米　16 开	
印　　张	15	
字　　数	201 千字	
版　　次	2024 年 3 月第 1 版	
印　　次	2024 年 3 月第 1 次印刷	
书　　号	ISBN 978－7－5108－7867－1	
定　　价	95.00 元	

目 录
CONTENTS

导　论

一、问题的提出及研究意义

消除两极分化，最终达到共同富裕，是社会主义的本质要求，而消除贫困，则是消除两极分化的必要工作。集中连片特困地区是我国脱贫攻坚战中最艰难的区域，其各项扶贫工作则是扶贫领域中最受关注的议题。《中国农村扶贫开发纲要（2011—2020 年）》（以下简称《纲要》）明确指出："六盘山区、秦巴山区、武陵山区、乌蒙山区、滇桂黔石漠化区、滇西边境山区、大兴安岭南麓山区、燕山—太行山区、吕梁山区、大别山区、罗霄山区等区域的连片特困地区和已明确实施特殊政策的西藏、四省藏区、新疆南疆三地州是扶贫攻坚主战场。"[①] 时任国务院扶贫开发领导小组副组长范小建曾经强调，我国将于 2020 年在全国范围内实现全面建成小康社会的伟大目标，最终决战场地就在我国的中西部区域，而最难啃的骨头在集中连片特困地区。全国范围内总计有 14 个集中连片特困地区，而我国最主要的特困群体就在这类地区中，基本的经济发展方式已经无法对于这类地区产生影响，常规的手段也难

---

① 中国农村扶贫开发纲要（2011—2020 年）[J]. 老区建设，2011（23）：12-18.

以施展，因此这类地区的扶贫工作开展起来异常艰难①。一直以来，扶贫攻坚都是党和国家关注的重点工作。政府治理背景下，集中连片特困地区作为被国家划定的具有特定政策定位的区域，其所属的地方政府贫困治理体系有特殊的研究价值。同时，按照国务院扶贫办在 2012 年 6 月公布的全国连片特困地区分县名单的说明中，14 个集中连片特困地区涉及 680 个县，分属 21 个省、市、自治区②，其地方政府相关治理体系的构建和运行已经成为我国政府整体治理体系中的重要组成部分。因此，集中连片特困地区的地方政府贫困治理研究，无论是从本身的特点，还是其覆盖的地域大小，都有重要的学术和实践研究价值。广西集中连片特困地区共有 29 个县区，大多属于石漠化地区，其贫困涉及的广度和深度在全国范围而言属于重点地域，关系中国乡村振兴进程。因此，如何解决广西片区的贫困问题，是当前需要研究的重点内容之一。

　　针对广西片区的环境、不同贫困农户状况，运用科学有效的贫困治理方式，加快发展，对于促进广西区域经济与社会协调发展，有重大意义。同时有助于构建县域经济协调发展和提升地方脱贫致富的能力，从根本上解决贫困问题；有利于缩小地区发展差距，提升片区整体竞争力；有利于深入实施"双核驱动"战略、构建"三区统筹"开放发展新局面，培育和推动新的经济增长模式，实现经济与社会快速发展的良性循环；有利于发挥区域比较优势，壮大具有竞争力的特色产业，增强自我发展能力；有利于加快片区生态文明建设，构建稳固的生态安全屏障；有利于增强民族团结，促进社会和谐，维护边疆稳定。本书以治理为视域，将"十二五"以来广西的集中连片特困地区社会动员治理的

---

① 顾仲阳，范小建. 集中连片特困地区成为主攻区 [N]. 人民日报，2011 - 12 - 07 (2). DOI：10. 28655/n. cnki. nrmrb. 2011. 011471.
② 扶贫办关于公布全国连片特困地区分县名单的说明 [EB/OL]. (2012-0614) [2023-05-20]. http://www.gov.cn/gzdt/2012-06/14/content_ 2161045. htm.

多个案例列为研究对象，以"事件—过程"为分析手段，对广西集中连片特困地区社会动员贫困治理运行机制的绩效与存在问题作出分析和较全面的评估，在肯定成绩的同时也发现问题。本书试图探讨新形势下农村扶贫模式的创新发展趋势和规律，完善我国贫困治理理论，对于探索如何优化贫困治理模式及运行机制以实现国家贫困治理能力现代化，全面推进乡村振兴，具有重要的理论意义和现实意义。

二、国内外研究现状分析

（一）关于贫困理论的研究

1. 贫困概念

最初研究贫困的学者基于公众对贫困最为朴实的角度出发，即从收入方面的影响去定义贫困，例如朗特里（Rowntree）[1]，从收入影响物质满足方面，认为所谓贫困就是个人或家庭的总收入无法购买当地生存所需的价格最低的生活物品；世界银行（World Bank）[2] 对贫困的定义为除了物质方面不能达到当地认可的平均生活水准外，还有不能正常参加涉及精神领域的活动状态；Amartya sen（1999）[3] 认为贫困实际上是缺乏能力导致的，应该从原因上去认识贫困，贫困是指人类基本能力和权利的缺乏导致收入不能满足最低生活要求；世界银行[4]认为应当全面认识贫困，贫困不光是指个体收入水平低、缺乏精神生活及个人发展机会，还包括收入太低导致出现社会认可方面的问题，包括没有或较少社会活动参与权。

---

① ROWNTREE B S. Poverty: a study of town life [M]. London: Macmillan, 1901.
② WORLD BANK. World Development Report 1980: Poverty and Human Capital Development [M]. Hie World Bank Publication, Washington D. C., 1980.
③ AMARTYA S. Development as freedom [M]. Oxford: Oxford University Press, 1999.
④ WORLD BANK. World Development Report 2000/2001: Attacking Poverty [M]. The World Bank Publication, Washington, D. C., 2000.

纲纳·缪达尔（Gunnar Myrdal）① 从影响经济发展的各个角度出发来定义，认为贫困是欠发达区域整体经济水平低下，当地民众的营养、教育、医疗、健康极为低下（相对低于国际水平），导致当地民众的整体劳动力水平低，总体生产效率难以达到国际界定的平均水平或者低于国家平均水平的结果。他认为要解决贫困，需要从政治、经济、文化、制度、民俗等各个方面着手，了解各种因素的相互影响作用，进行全方位改进或改革，实现经济水平的提高，此外特别是涉及政治和经济体制的内容，要重点改进。

罗伯特·默顿和罗伯特·尼斯贝（Robert K. Merton & Robert A. Nisbet）② 认为贫困应细分为绝对贫困和相对贫困两个概念，绝对贫困是从人们通常理解的温饱方面去定义，指的是在所在地区的生活条件下，个人或家庭所具备的物质条件不能满足其最低生存要求；相对贫困则是以个人或家庭所在区域的生存状况之间比较的结果来作标准，因此贫困是指个人或家庭的生存状况低于所在区域的平均水平的状况；世界银行③认为贫困是绝对和相对共存的概念，随着判定区域和时代的变化，生存的定义不断改变，随之贫困的定义也不断发生改变，绝对贫困和相对贫困判定的依据也要不断进行更新和认定。

国家统计局的贫困研究课题组在 1990 年对贫困的定义，倾向于国外绝对贫困的认识，认为贫困就是个人或家庭物质拥有现况难以维持基

---

① GUNNAR MYRDAL. The challenge of world poverty. A world anti-poverty program in outline ［M］. Christian A. Herter lecture series，1970.

② MERTON R K，NISBET R A. Contemporary social problems：an introduction to the sociology of deviant behavior and social disorganization ［M］. Harcourt College Pub，1976：115.

③ WORLD BANK. World Development Report 2010 ［M］. The World Bank Publication，Washington，D. C.，2010.

本生活要求①；沈红②倾向于世界银行的认定标准，认为贫困有生存贫困和社会贫困两种，自身物质条件难以满足生存最低要求的状况属于生存贫困，而难以获得社会认同和表达社会诉求机会的状况属于社会贫困。

2. 贫困根源理论

王丽华③认为贫困来自外部因素影响的结果，具体是各方面的资源匮乏或者当前个人或家庭的开发能力不能有效利用周围资源，出现基于缺乏生产要素而产生的资源性贫困状况；张立群④从个体的主观因素出发，认为贫困是因为劳动者自身缺乏劳动能力而导致的，具体包括劳动者的知识、技能、态度等方面的缺失，使劳动者的劳动效率低下，未能有效利用周围的各种资源，其劳动收获未能达到平均线以上水平；郑智航⑤认为贫困是自然资源和社会资源匮乏的结果，一种是由于自然资源未能提供生存发展必要条件的后果，也称为自然性贫困；另一种是基于社会问题导致个人未能获取生存和发展的必要资源的社会性贫困，同时他认为社会性贫困大多来自资源性贫困，两者恶性循环的概率极大。

3. 关于贫困治理模式的研究

美国经济学家罗格纳·纳克斯（Ragnar narks）⑥从资本运作及效果角度出发，认为发展中国家的贫困区域是因为经济发展水平不高，资本难以形成规模效应，难以以资本的投入诱使高水平生产力投入生产，

---

① 李含琳，韩坚. 中国扶贫资金来源结构及使用方式研究 [J]. 农业经济问题，1998 (4).

② 沈红. 中国贫困研究的社会学评述 [J]. 社会学研究，2000 (4).

③ 王丽华. 基于地缘性贫困的农村扶贫政策分析——以湘西八个贫困县为例 [J]. 农业经济问题，2011 (6).

④ 张立群. 连片特困地区贫困的类型及对策 [J]. 红旗文稿，2012 (22).

⑤ 郑智航. 论免于贫困的权利在中国的实现——以中国的反贫困政策为中心的分析 [J]. 法商研究，2013 (2).

⑥ RAGNAR NARKSE. Problems of Capital Formation in Underdeveloped Countries [M]. Oxford：Oxford University Press，1953.

致使生产效率低下，资本获取能力低，最终导致恶性循环。因此他倡导解决贫困，需要政府出台资本扶持政策，以资本运作消除贫困，由政府主导储蓄，增加资本量，或者政府加大财政扶持。

制度学派则强调制度对经济增长解决贫困的作用，认为地域制度是经济增长的内部发起点，着重探讨制度的变迁对促进经济增长的作用。道格拉斯·诺斯（Douglass C. North）① 认为制度的出台和改进是经济增长的推动因素，保证了个人或者家庭的收入不低于社会的平均水平，实现制度激励经济的增长，证明制度是推动经济发展的原因，希望解决贫困应当专注于强化个人或家庭的内生动力。

根据目前研究成果，有学者认为我国幅员辽阔，贫困问题形成原因也是多种多样，是各种因素交集的结果，贫困问题的多样性和复杂性特征非常明显，因此倾向于针对贫困因素来开展贫困治理。童玉芬、王海霞② 通过研究西部省份的贫困地区，认为政策效果和贫困人口的人文因素是造成区域性少数民族贫困的主要原因。张克政③ 以甘肃少数民族地区为探讨范例，认为少数民族地区的贫困来自地理位置不佳，历史原因使各方面发展较为落后。他还认为脱贫应注重客观因素，要大力推动自身能力的发展来脱贫致富。杨云④ 提到贫困的根本原因来自当地民众的自我发展能力欠缺，脱贫要致力于对人力资源的培训和开发，保证脱贫的内在实力。范小建⑤ 认为，基础设施水平是限制脱贫进度的最主要因素，通过基础设施的建设，摆脱恶劣的自然环境，由政府补贴完成基础

① NORTH D C. Institutions, institutional change and economic performance [M]. Oxford: Oxford University Press, 1990.
② 童玉芬，王海霞. 中国西部少数民族地区人口的贫困原因及其政策启示 [J]. 人口与经济，2006（1）.
③ 张克政. 甘肃省少数民族地区包容性增长制约因素分析——基于"十二五"的历史方位 [J]. 新疆职业大学学报，2012，20（2）.
④ 杨云. 人力资本视野下西部民族地区反贫困的路径选择 [J]. 思想战线，2007（4）.
⑤ 范小建. 坚持开发式扶贫努力完成既定目标 [J]. 老区建设，2008（19）.

设施建设，才能为特困地区摆脱贫困状况。张亮晶、杨瑚、唐志强等①
从社区管理角度出发，强调一线细化脱贫措施，通过社区建设，以社区
帮扶来带动贫困民众的个体能力发展并提供发展机遇（就业机会），来
实现脱贫致富。

贫困治理模式中，对于政府如何定位，政府在扶贫领域的介入是否
合理等问题，学术界已形成一个共识，认定农村贫困是公共物品，应当
构建以政府为主导角色，全方位介入扶贫的治理模式。康晓光②认为农
村贫困体现出明显的公共物品特征，其正负外部效应明显，存在市场失
灵状况，建议政府运用政策工具或者直接介入来解决贫困问题；汪三
贵③认为消除贫困是政府的基本职能之一，建议政府应根据贫困地区及
人口的不同情况制定和实施针对性的政策，解决贫困，实现经济整体良
好运行，防止贫富差距扩大，最终保证社会稳定发展。

有学者针对我国政府对农村贫困治理过程中存在的问题和改进方面
的研究，其中包括张凤凉等④学者认为政府在农村贫困治理的政策过程
（政策制定、执行、评估、终结、监督）需要改善，建议政府多途径建
立科学、高效的公共政策运行机制；廖富洲⑤建议政府应注重扶贫过程
中的资源整合和部门协同治理。历年来研究政府扶贫的不少学者认为，
政府扶贫过分依赖和采用政府主导型模式扶贫，该模式优点在于可以短
时间调配扶贫资源（人力物力），缺点是较少调动社会资源和存在政府

---

① 张亮晶，杨瑚，唐志强，等．肃南县贫困地区赋权参与式反贫困研究［J］．商业时
　代，2011（2）．
② 康晓光．关于2000年以后中国反贫困行动的政策建议［C］．中国科学院——清华大
　学国情研究中心．国情报告（第一卷）．党建读物出版社，2012：217-222.
③ 汪三贵．在发展中战胜贫困——对中国30年大规模减贫经验的总结与评价［J］．管
　理世界，2008（11）．
④ 张凤凉，蒲海燕．反贫困治理结构中政府功能的缺陷及完善对策［J］．理论探
　讨．2001（6）．
⑤ 廖富洲．中国特色反贫困的基本特点及完善思路［J］．学习论坛，2011，27（2）．

政策转移的风险。因此，建议在保证政府主导的模式下，改善政府自身扶贫工作的科学持续性，建立引导社会团体参与扶贫的机制。

我国经过多年经验积累，形成四种扶贫模式：开发式扶贫模式、参与式扶贫模式、多元化扶贫模式、救济式扶贫模式（"输血式"扶贫）。针对这些模式的适用及合理方面，研究观点主要有：汪三贵①认为开发式扶贫是贫困地区较为理想的扶贫模式。参与式扶贫模式是通过提升贫困民众的个人致富能力，使民众具备脱贫的积极态度，从根本上实现脱贫的目标。而在这一模式的探讨中最具有代表性的观点来自李小云，他认为参与式扶贫来源于民众参与各项扶贫活动及对活动进行反馈，给予民众参与扶贫的能力和机会，提倡从内在解决贫困问题②。多元化因地施策的扶贫模式，即细分贫困单元，根据贫困单元的不同致贫原因和脱贫条件来制定有针对性的脱贫模式，徐孝勇、赖景生、寸家菊③认为我国西部地区农村扶贫开发模式大体上可归为八类：大规模区域性扶贫开发模式、对口扶贫模式、移民搬迁扶贫模式、特色产业开发扶贫模式、生态建设扶贫模式、乡村旅游开发扶贫模式、参与式整村推进扶贫开发模式、大规模区域性扶贫开发模式，不同地域适用不同或多种扶贫模式。救济式扶贫是一种大规模、兜底式的扶贫方式，改革开发以前主要以不饿死人为原则，对无法自我生存的群众实施救济，改革开放以后随着经济的不断进步"大水漫灌式"地消除贫困，"救济"逐渐演变为

---

① 汪三贵. 反贫困与政府干预 [J]. 农业经济问题，1994（3）.
② 李小云. 反贫困中的制度创新——有关贫困社区及群体的参与问题 [C]. 中国扶贫论文精粹：中国扶贫基金会，2001.
③ 徐孝勇，赖景生，寸家菊. 我国西部地区农村扶贫模式与扶贫绩效及政策建议 [J]. 农业现代化研究，2010，31（2）.

"救穷"，不再适应时代的发展，以黄钦①、黄志春②、韩喜平和张梦菲③等为代表的学者认为经济增长的收益并不会自动扩散到社会的各个角落，救济式扶贫更多是对开发式扶贫模式的补充，救济式扶贫着重分散的家家户户的扶持，而开发式扶贫着重地区的整体扶持，以精准捕捉真贫户实施兜底扶贫才能提升贫困户于脱贫户的内生动力。

可以看出，中外学者关于贫困治理模式构建的分析和研究，主要还是以政府主导某项脱贫因素或多项因素如何有效或高效进行组合、运行，实现解决贫困问题的目的。这些成果，对我国扶贫攻坚中面临的问题判定及解决经验具有十分重要的借鉴意义。但这些研究，其内容背景各自不同，且成果作用有非常明确的指向，个案特征较为明显。在全面推进乡村振兴战略，后扶贫时代我国已全面建成小康社会的背景下，如何构建后扶贫时代的贫困治理模式，是当前研究要解决的问题之一。

（二）国内外关于集中连片特困地区扶贫开发战略的研究

关于我国贫困治理的相关研究较多，针对集中连片地区的研究也较多，现有研究主要是对集中连片特困地区贫困问题特殊性和影响的分析，说明片区扶贫开发的必要性，以及涉及连片区扶贫的成效的总结，探讨片区反贫困的策略。

有研究侧重于分析各个片区自身状况及多年来的扶贫经验，从实践方面提出消除贫困的对策。周丕东等④以乌蒙山区自身的资源条件和国家政策、经济条件进行综合分析，认为集中连片特困地区应该加大基础

① 黄钦. 互联网嵌入精准扶贫的模式与障碍［J］. 传媒，2019（23）：72-74.
② 黄志春. 论救济式扶贫向开发式扶贫转变的对策［J］. 广西社会科学，1999（6）：168-170.
③ 韩喜平，张梦菲. 新中国救济式扶贫的经验及展望［J］. 党政研究，2020（3）：120-128.
④ 周丕东，崔嵬，詹瑜，等. 贵州乌蒙山区农村扶贫开发对策研究［J］. 贵州民族研究，2012，33（2）.

设施建设，推动地方产业开发，其中主要需要增强区域群体的自我脱贫能力，并且重点关注产业发展和生态保护政策；财政部农业司扶贫处①通过对滇西边境贫困地区扶贫成果的相关情况和数据进行整理分析，认为解决贫困应该是从资金整合、基础设施建设、生态保护和综合开发等方面着手；黄征学等②总结沂蒙山区的脱贫成果，认为脱贫应当走以基础设施建设为保障，建成和发展农业产业化，推动劳务输出的途径；陈琦③通过对武陵山片区的扶贫现况分析，认为提高地方民众个人脱贫能力是解决贫困的最有效方式；高亚敏④总结了我国南方贫困地区产业发展的模式，提出需要重点采取促进富余劳动力的劳务输出能力、土地流转形成规模化经营及完善农村社会保障等方式脱贫致富；王震、夏英⑤以西部集中连片特困地区为例，认为西部集中连片特困地区应该以构建多方融资渠道、加大基础设施建设、推广产业扶贫和重点特色项目扶持等方式有效治理贫困。

还有学者从理论层面对集中连片特困地区的扶贫模式进行了探讨。冷志明、雷亿辉⑥以新区域主义理论观点和政策导向为依据，提出我国连片贫困区通过以经济发展的制度构建为基础，以地方特色产业政策、资金、技术倾斜，挖掘新产业空间的方式，实现贫困片区脱贫的目的；

① 财政部农业司扶贫处．集中力量实施扶贫攻坚　促进解决滇西深度贫困——关于滇西边境集中连片特困地区扶贫开发调研报告 [J]．农村财政与财务，2012（5）．
② 黄征学，胡勇，贾若祥．集中连片贫困地区扶贫开发的成功之路——临沂沂蒙山区脱贫致富的经验与启示 [J]．中国经贸导刊，2011（2）．
③ 陈琦．连片特困地区农村家庭人力资本与收入贫困——基于武陵山片区的实证考察 [J]．江西社会科学，2012，32（7）．
④ 高亚敏．南方贫困山区扶贫连片开发模式研究 [D]．兰州大学，2010．
⑤ 王震，夏英．西部集中连片贫困地区开发探讨——基于新疆洛浦县的个案分析 [J]．调研世界，2012（4）．
⑥ 冷志明，雷亿辉．基于新区域主义的我国连片贫困区开发研究 [J]．经济地理，2011，31（4）：646-650．

李乐为、岑乾明①认为区域经济发展的背景下，要构建连片贫困地区公共产品区域协同供给模式，实现公共产品和服务跨区域协同供给，有效调动扶贫资源；蒋辉②对武陵山集中连片贫困区跨域治理模式创新的必要性、可行性及存在的障碍进行分析，提出"跨域合作、多元协同"的治理模式，并对相关运行机制进行了探讨；吕方③从构建贫困治理模式的思维转变的角度出发，认为要在认清集中连片特困地区贫困现况和成因的独特性的基础上，从多元发展、多重视角、文化自觉三个层面去思考构建新型贫困治理模式。

学术界在对集中连片特困地区的贫困治理问题的研究中，采取的研究方法和侧重点虽然各有差异，但总体而言，更多的是集中在已有地方治理经验的总结和推广方面，对涉及解决集中连片特困地区贫困问题的不同对策缺乏系统、全面的分析论证，使部分建议的提出有一定的时效性和地方性，因此需要我们在后续的研究中逐步探讨。

（三）国内外关于贫困社会动员治理的研究

第一，国外关于贫困社会动员治理的研究伴随着反贫困理论的发展逐步提出了涉及贫困社会动员治理的内容，并在实践中形成了以社会动员为特征的贫困治理模式。具体如下：

理论方面，马克思《资本论》中提道，"改变旧制度（资本主义私有制）并建立新制度，才能根本铲除一切贫困"④，强调建立新的，有

---

① 李乐为，岑乾明. 连片贫困地区公共产品区域协同供给研究——基于湘鄂龙山、来凤"双城一体"反贫困的新思路 [J]. 广西民族大学学报（哲学社会科学版），2011，33（2）：153-158.

② 蒋辉. 武陵山集中连片贫困区跨域公共事务治理的模式与机制研究 [J]. 湖北民族学院学报（哲学社会科学版），2012，30（4）：70-75，108.

③ 吕方. 发展的想象力：迈向连片特困地区贫困治理的理论创新 [J]. 中共四川省委省级机关党校学报，2012（3）：112-117.

④ 卡尔·马克思. 资本论 [M]. 郭大力，王亚南，译. 北京：人民出版社，1975：689.

助于消除贫困各方面的制度，以制度为保障调动各方资源来消除贫困；阿马蒂亚·森的能力贫困理论指出，消除贫困需要各方合力，特别指出要"扩大个人选择范围来发展人的能力，并非只靠政府投入解决贫困问题"①；而世界银行的社区主导理论则提出"由社区成员及其组织为社区提供服务、组织经济活动、为穷人赋权，加强对贫困群体保障"②，较为明确和系统地点明了实现贫困群体的权益保障和消除贫困要以整合、调动各方资源为基础。

在实践方面，贫困治理模式以社会动员为特征。美国自 20 世纪 60 年代开始，逐步对贫困者实行税收优惠政策，减免税收，减轻负担，以福利制度对丧失劳动力的贫困者进行救济，建立教育培训和工作制度，培养有劳动能力的贫困者脱贫的能力并要求必需的工作时间作为领取救济的条件，同时动员社会组织参与扶贫工作，聚集扶贫力量，解决贫困问题③；巴西从 1996 年开始针对贫困者密集居住于贫民窟的状况，采取对贫困区域加大经济投资方式，以外部经济发展的大环境带动贫困者脱贫，同时以法律为依据加大对富人的征税，增加扶贫资金来源，对贫困家庭的各项开支直接进行现金补贴，并建立专门机构保证贫困者的食品和营养来源，同时加强贫困者的教育和培训力度④；印度自 20 世纪80 年代重点开展农村扶贫，根据印度发展状况动员各方力量，包括政府财政扶持企业开展各项工程建设，为贫困者提供就业岗位，同时从农产品改良、农业生产机械化等方面大力扶持农业发展，提高农村贫困者

---

① 阿马蒂亚·森. 贫困与饥荒 [M]. 王宇，王文玉，译. 北京：商务印书馆，2001：14.

② Dongier, Philippe；van Domelen 等. Community-driven Development [M]. Washington：World Bank，2002：11.

③ 何慧超. 美国和欧洲国家反贫困政策比较及其对中国的启示 [J]. 中国民政，2008（9）.

④ 白维军. "金砖国家"反贫困政策比较研究 [J]. 现代经济探讨，2012（12）.

收入，并且由政府全面落实公共产品分配制度和全民免费医疗，降低农民致贫和返贫的人数①；马来西亚政府在 1970 年至 2000 年间，动员各方力量参与扶贫，通过对特困贫困人口直接补助，普通贫困家庭则采取"政府+私营企业"和"非政府组织参与+贫困者"等方式，大大降低了贫困率和核心贫困率②。

国外关于贫困社会动员治理的研究是经过多年反贫困理论的不断发展和演进及实践探索积累的结果，一方面反复验证了社会动员治理是解决贫困问题的一条确实可行的路径，另一方面提供了丰富的社会动员实践经验，对我国贫困社会动员治理开展有一定的参考价值。国外政治体制、经济发展水平、文化特征与我国有着较大的差异，其贫困治理过程中社会动员的运行模式及对应的相关机制，并不适用于我国，能借鉴的内容不多，所以仍需要通过实践，逐步建立适合我国贫困地区的社会动员治理模式及运行机制。

第二，国内的贫困社会动员治理最早来源于政府的扶贫动员行为，强调扶贫必须动员社会各方力量。随着政府扶贫工作的推进，社会动员治理的必要性愈发凸显，政府对贫困社会动员治理重视程度不断增强。具体如下：

四川省南部县开发办（1990）③ 提出"动员社会各方力量打好扶贫开发的总体战"，具体以提高认识，加强领导，层层抓扶贫，把握正确的投资方向，充分发挥资金效益，普及实用技术，强化科技兴农，深入实际，实行扶贫开发到户的措施，解决贫困；原江西省人民政府副省长

---

① 李青 . 印度农村发展近况与主要政策措施［J］. 中国党政干部论坛，2010（9）.
② 林勇 . 马来西亚反贫困战略研究［J］. 广西社会科学，2005（11）.
③ 四川省南部县开发办 . 动员社会各方力量 深入扶贫经济开发［J］. 山区开发，1990（6）.

舒惠国（1991）①强调江西能解决特困户的温饱问题，主要依靠国家部委、国企、兄弟省市、全省各级党政机关、驻赣部队、群众团体和社会各方面的力量，提倡继续保持这种扶贫方式；江泽民于1996年在中央扶贫开发工作会议上对扶贫工作作出指示，"只要全党统一认识，统一意志，下最大的决心，上下结合、各方面协调行动，充分动员全社会的力量，采取更加得力的措施，就一定能够实现既定的战略目标"②，江泽民以传达中央指示精神的方式强调社会动员在扶贫工作中的作用。习近平（2015）强调"脱贫致富对贫困地区十分重要，更是系关社会。……我们需要广泛凝聚各方力量，有效广泛地动员各方积极性。促使全社会合力深入投入到脱贫攻坚当中，鼓励刺激市场企业、社会组织、个人民众共同参与到扶贫事业。"③

而在学术界，相关研究成果则不断增多。有创新社会动员方式的论证。如王雨磊④提出内在的政治意义上的动员和使用技术手段，将达到治理目标的事本主义动员方式称为技术和动员相结合，保证贫困社会动员的效果；陈成文、王祖霖认为"碎片化"是社会力量参与贫困治理存在的突出问题，建议以健全价值引导机制、社会动员机制、政策激励机制、信息显示机制和监督约束机制来保证社会动员的效果；胡刚、张禹青对贵州省少数民族集中连片特困地区脱贫攻坚社会动员各个阶段存在的问题进行分析⑤，总结出脱贫攻坚战的社会动员要采取党和政府主

---

① 舒惠国. 进一步动员党政机关和社会各界扶贫济困——为实现"八五"扶贫开发目标而努力奋斗［J］. 老区建设，1991（6）.

② 江泽民. 全党全社会动员起来，为实现八七扶贫攻坚计划而奋斗——在中央扶贫开发工作会议上的讲话［J］山区开发，1996（12）.

③ 习近平. 习近平扶贫论述摘编［M］. 北京：中央文献出版社，2018：50-51.

④ 王雨磊. 农村精准扶贫中的技术动员［J］. 中国行政管理，2017（2）.

⑤ 胡刚，张禹青. 贵州少数民族连片特困地区扶贫攻坚社会动员的历史进程与基本经验［J］. 现代经济信息，2017（3）.

导、法律保证、建立政府、市场与公民的协同合作机制；袁小平、杨爽①提出在政府主导下，培养新的市场主体，补贴农户，促进市场和农户合作，使政府和农户二者之间达成合作。罗亚男②在探索旅游精准扶贫政策实施过程中，分析了基层政府社会动员实现的原因及基层政府微观动员实践中互动关系的演化路径，为当前产业扶贫中基层政府社会动员提供了实证素材。

可以看出，国内贫困社会动员治理的研究，无论是中央和地方政府多年扶贫经验总结后形成的纲领性的指示精神，还是近年来相关的各类科研成果，都显示出贫困社会动员式治理的必要性和重要性，对今后贫困治理采取社会动员的方式有重要指导和借鉴意义。但这些研究成果，大多是对贫困社会动员治理方式的肯定和推广，以及对地方或某些因素作用的贫困社会动员治理的论述，很少涉及对社会贫困治理全面的论述和社会动员治理模式的构建分析，以及确定出社会动员重点内容，这将是贫困社会动员治理后续的研究重点。

三、研究思路、方法和框架设计

本研究拟采取"发现问题—构建框架—提出假设—实证分析—解决问题"的研究思路，对理论推演、实证研究、经验借鉴及治理对策、未来展望的技术路径展开研究。依据本课题的研究内容及思路，将案例研究作为研究的基本方法。研究技术路线图如图 1 所示。

（一）案例访谈研究法

本课题采取案例研究法。根据研究需要选取广西特困区域基础设施

---

① 袁小平，杨爽．精准扶贫中的社会动员：政府、市场与共意 ［J］．济南大学学报（社会科学版），2018（9）．

② 罗亚男．旅游精准扶贫中基层政府的社会动员——基于甘肃省河村的经验研究 ［D］．兰州大学，2019.

建设系列贫困治理模式的运行实践中的典型案例进行实地调查，适当采用深入访谈的方法获得微观层面的资料，包括广西特困区域基础设施建设贫困治理模式运行实践中的社会动员实际运行状况、效果及存在问题等第一手资料。课题组亲赴广西各级政府扶贫办、发改委等政府职能部门、乡镇村屯，与扶贫开发的亲历者进行结构性访谈、自由访谈并现场实地考察、采集资料。本项研究拟深入访谈集中连片特困地区扶贫开发工作的主要领导人、决策者、参与干部、当地群众各 20 名，共计80 人。

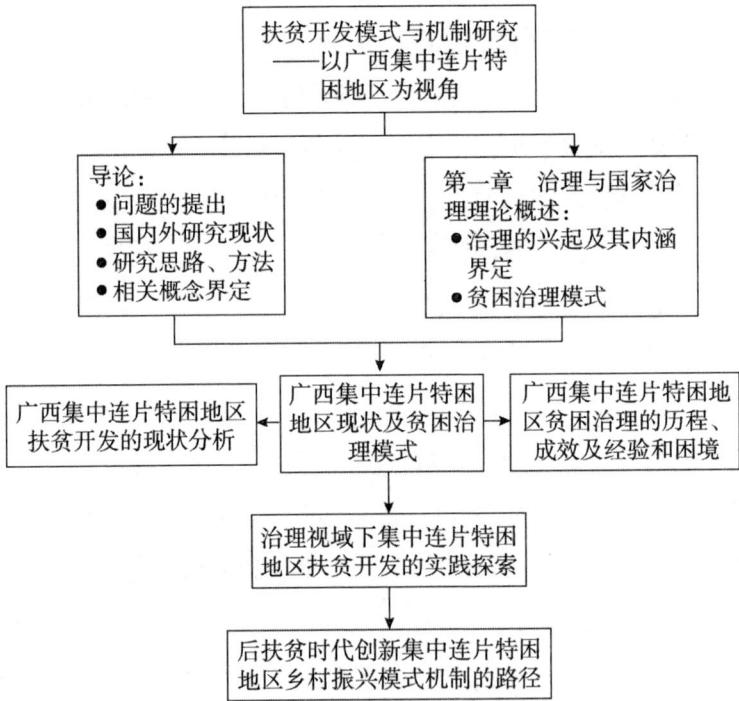

图1

（二）问卷抽样调查法

问卷调查法的目的是了解各参与主体在扶贫治理过程中做了些什么、感受如何，为研究各参与主体的行动、彼此关系、组织结构、服务效果等提供翔实的资料。本研究在凌云、环江、田东、隆安、马山、上林、都安等县进行科学的抽样调查，在各地随机抽取 200 名当地群众［县级干部 20 名（主要是主要领导人于决策者），村级干部 30 名，农民 150 名］，样本总量共 1400 名，通过多地调研的材料和数据进行大数据统计分析，主要目的是与访谈内容资料相互印证。

（三）文献资料法

课题组查阅相关政策文件、统计资料、文件档案、书刊、大事记、总结汇报材料、新闻报道资料等。

（四）研究特点

第一，研究视角独特。从社会动员的角度研究地方政府减贫治理，将动员式治理理论作为集中连片特困地区地方政府治理运行的一种分析路径。本研究将集中连片特困地区地方政府的治理创新及经验总结纳入探究视野，是构建公共治理“本土化”话语体系的一个有益尝试，将进一步丰富完善地方政府治理理论体系。

第二，研究方法创新。从研究方法上看，选择“整乡推进”、粤桂扶贫协作等案例，将定性与定量研究有机结合，运用“事件—过程”研究方法对广西集中连片特困地区农村公共服务供给的社会动员机制进行描述与分析，不仅能从宏观层面对政府主导的扶贫开发的实施效果予以把握，还能从微观层面对扶贫治理参与主体的行动逻辑进行剖析，深入分析政府贫困治理的运作效率和优缺点。同时在对传统扶贫模式的分析和总结的基础上，针对我国农村扶贫过程中出现的问题提出构建农村贫困治理新模式。

四、相关概念界定

（一）集中连片特困地区概念及特征

1. 集中连片特困地区概念

集中连片特困地区，是指"因自然、历史、民族、宗教、政治、社会等原因，一般经济增长不能带动、常规扶贫手段难以奏效、扶贫开发周期性较长的集中连片贫困地区和特殊困难贫困地区，也即集中连片特殊困难地区"[1]。

根据我国贫困人口所在的地域分布特质，划分了 14 个集中连片特困地区，共 680 个县。其中有：六盘山（61 个县）、武陵山区（64 个县）、秦巴山区（75 个县）、滇西边境山区（56 个县）、乌蒙山区（38 个县）、滇桂黔石漠化区（80 个县）、大别山区（36 个县）、大兴安岭南麓山区（19 个县）、燕山—太行山区（33 个县）、吕梁山区（20 个县）、罗霄山区（23 个县）等，加上已经确认享受国家特殊政策的西藏 74 个县、四省藏区的 77 个县以及新疆南部地区的 24 个县。[2]

2. 集中连片特困地区的基本特征

（1）经济特征

集中连片特困地区生产力落后、经济结构单一，脱贫攻坚难度大。我国在 2010 年开始分类定义集中连片特困地区和山区，其中这 14 个区域的经济发展情况不佳，区域人口差异性巨大。同时，"根据人均 GDP 的数据分析，十四个地区的人均 GDP 基本在一万元左右，其中乌蒙山区发展最差，人均为 7220 元；四省藏区相对较好，人均为 17943 元

---

① 李宇卫：对提升贫困地区学习贯彻"十八大"精神实效性的思考［J］. 法制与社会，2013（2）.
② 吕祥乾. 云南集中连片特困地区扶贫开发模式研究［D］. 云南师范大学，2014：8.

（藏区旅游和自然资源开发成效）"①，贫困差距大且属于深度贫困。从人均 GDP 数据来看，除了藏区较高外，其他片区之间的差距基本处在 300～500 元之间。由于各个片区扶贫资金有很大部分来自地方财政总收入，人均财政收入的差异造成财政总收入的巨大差距，最终各片区在扶贫资金投入方面差别较大，扶贫成效则会有较明显的差别；在人均收入方面，各片区农民收入处于 3000～3500 元的贫困线以下，整体收入偏低，难以维持基本生活开支（大多片区的贫困农民依靠小农经济的自给自足来维持生活）；在人均储蓄方面，表现最好的是燕山—太行山区，约为 10818 元，表现最差的是乌蒙山区，约 3966 元，反映出了贫困地区间的人均储蓄差异较大。综上所述，根据以上分析的人均 GDP、人均财政收支、乡村地区人均纯收入和储蓄可以看到，14 个地区的经济社会条件情况千差万别，但总体水平低下，脱贫任务非常艰巨，这就要求不同片区要因地制宜地制定脱贫政策，并借助各方资源加大扶贫力度，实现扶贫开发的目标。

（2）贫困特征

集中连片特困地区大多属于革命老区、边远山区、民族聚居区等。其中，贫困状况最为严重的是边境贫困县和少数民族贫困县，其贫困发生率分别是 13% 和 10.5%，远高于全国总体贫困发生率的 2.8%，扶贫任务的紧迫性和繁重性非常明显。同时这些地区还是我国长期以来的重点扶贫区域，多年扶贫之下尚且还有较高的贫困发生率，表明当地整体经济发展基础和良性循环发展方面距离脱贫致富的要求还存在较大差距。尤其是大部分集中连片特困地区属于边境少数民族区域，离经济发达区域更远、贫困程度更严重，所以脱贫的必要性、紧迫性更强。因此，集中连片特困地区的贫困治理要对贫困的具体情况有明确的判定，尤其是

① 吕祥乾．云南集中连片特困地区扶贫开发模式研究［D］．云南师范大学，2014：9.

针对我国边境少数民族贫困地区，应采取不同的政策、资金、物资等帮扶方式。

3. 集中连片特困地区扶贫开发的重要举措

集中连片特困地区是我国扶贫重点区域，历年来扶贫开发的各项举措体现出我国农村扶贫开发理念和实践的发展历程，可以分为四个阶段：输血式扶贫阶段［政府资金、物资、政策等输送（1978—1985年）］、大规模开发式扶贫阶段（1986—1993年）、扶贫攻坚阶段（1994—2000年）、综合开发阶段（2001年至今）。其间我国的扶贫工作取得了巨大的成就，改变了地方经济发展和基础设施建设状况，使大批贫困人口实现脱贫致富。但由于集中连片特困地区整体资源匮乏、自然灾害频发、基础设施薄弱等状况，其贫困率仍远高于全国平均线，贫困度依然很高，更有不同程度的返贫现象。因此，要实现全国范围的脱贫，首要任务就是实现集中连片特困地区的脱贫致富。

《中国农村扶贫开发纲要（2011—2020年）》（以下简称《纲要》）明确了我国集中连片特困地区脱贫攻坚的总体目标。《纲要》中强调，我国农村贫困人口在2020年实现二不愁三保障。贫困地区农民人均纯收入增长幅度高于全国平均水平，基本公共服务主要领域指标接近全国平均水平。全局谋划生活用水、生产用电、交通出行、医疗卫生教育、社会保障等方面的工作任务，大力改善连片特困地区生产生活条件，从根本上改变连片特困地区面貌。①针对目标任务，中央制定了扶贫开发的基本准则。第一，突出重点，明确指导，重点支持连片贫困地区，各地要因势利导制定政策，实现差异化政策扶持。第二，整合部门，形成合力共同促进，政策制定、规划编制、资金配置、项目安排需要偏向贫困地区。第三，发挥自力更生、艰苦奋斗的精神，激发贫困地区的内生动

---

① 中国农村扶贫开发纲要（2011—2020年）［J］. 老区建设，2011（23）：12-18.

力，促进贫困人口的能动性和创造性，重视贫困人口的主体地位，增强贫困人口的管理水平和自我发展能力。第四，促进社会力量共同参与，以共同富裕为导向，平衡政策导向，鼓励先富帮后富。第五，统筹兼顾，科学发展，充分挖掘贫困地区资源潜力，促进经济社会发展与人口资源相协调。①

（二）社会动员

1. 关于社会动员的概念

"社会动员"最早由美国学者卡尔·多伊奇（Karl Wolfgone Deutsch）提出，他认为"社会动员是随着国家的发展，社会成员在原有的社会、经济、文化环境改变之后，形成新的价值观、思维和行为方式"②。亨廷顿（Samuel Phillips Huntington）则从政治学理论中政治活动角度出发，把社会动员定义为"在经济社会和群体心理新旧转化剧烈的背景条件下，人们根据现实情况而选择新的社会关系和行为的过程，这一过程是政治结合的产物和必要达成的手段"③。布莱克（C. E. Black）认为"社会动员是人口从传统村落迁移出来及通信手段发展后，不断被多元化信息影响的结果"④。可以看出，西方学者对社会动员的概念是从社会变迁的角度去界定的，认为社会动员是社会结构的变化影响到个人的思维及活动，是社会各种因素长期对个人潜移默化的过程。

国内对社会动员的定义最早是由吴忠民提出的，他认为"有特定

---

① 吕祥乾. 云南集中连片特困地区扶贫开发模式研究 [D]. 云南师范大学硕士论文，2014.

② KARL W D. Social Mobilization and Political Development [J]. American Political Science Review, 1961 (6).

③ 亨廷顿. 变革社会中的政治秩序 [M]. 李盛平，杨干生，等译. 北京：华夏出版社，1988.

④ C. E. 布莱克. 现代化的动力 [M]. 段小光，译. 成都：四川人民出版社，1988.

目的的社会个体和组织积极参与社会的行为过程就是社会动员"①。甘泉和骆郁廷认为"社会动员是国家、政党和社会组织为达成特定的社会目标，通过多种手段和方式来引导和影响社会成员的价值偏好、意识形态、态度观点，从而促使社会成员逐步达成共同的价值观和思想，并引导组织成员参与社会实践的过程。"② 殷冬水认为"社会动员可以看成是群众路线，是提升治理的有效工具，社会动员就是保持党和人民群众之间的血肉联系，坚持中国共产党党章，在自己的实际工作中，一切为了群众，一切依靠群众，从群众中来，到群众中去"③。可以看出，国内社会动员的定义，是从国家治理角度来界定的，是为满足民众的利益、引导社会成员（包括政府）积极参与重大社会活动的过程。

综上可以看出，国内外研究对社会动员概念上的差异。不同体制和社会发展路径导致了社会动员的来由和目的差别，但在关于社会动员的客观影响和作用上，国内外的研究内容还是接近的。因此，对社会动员的研究，国外社会动员的概念可以作为重要参考。

2. 我国社会动员的发展历程

我国是以中国共产党为领导核心的社会主义国家，"中国共产党以马克思列宁主义、毛泽东思想、邓小平理论、"三个代表"重要思想、科学发展观、习近平新时代中国特色社会主义思想作为自己的行动指南"④，这些都提到关于社会动员在革命和建设中的重要作用，以及强调坚持走群众路线的重要性，因此，我国的社会动员贯穿新中国成立至今的国家治理过程。

---

① 吴忠民. 社会动员与发展 [J]. 浙江学刊，1992 (2).
② 甘泉，骆郁廷. 社会动员的本质探析 [J]. 学术探索，2011，(12).
③ 殷冬水. 群众路线：中国国家治理的一种实践形式——当代中国群众路线两种观念的实践困境与应对路径 [J]. 南京社会科学，2014 (5).
④ 共产党员网. 中国共产党章程 [EB/OL]. (2022-10-26) [2023-5-21]. https：//www. 12371. cn/2022/10/26/ARTI1666788342244946. shtml.

1949—1976 年间，全国性的社会运动有 70 余次（地方性的各种社会运动数目不计）①。其中有一部分，给国家建设和发展带来巨大的帮助，如新中国成立初期的恢复经济建设和工业体系的建立，以社会动员的方式短时间内集合了大量的人力物力财力，突破了传统行政运行模式，创造了多个建设奇迹，令民众对社会动员的作用抱有极高的认同和期望；另一方面，随着社会运动不断地发展，这种过分强调集中力量办大事的社会运动方式，在其粗放型的理念之下，出现了社会动员的目标和过程极大偏离国家治理运行正常模式的现象。

基于前期国家建设中社会动员所产生的负面影响，以及市场机制在优化资源配置方面的作用不断加大。改革开放之后，政府社会动员的能力和必要性降低了不少，政府更多是采取宏观调控的间接管理方式，不再依赖社会运动方式来调配资源进行国家各方面的建设，适应了社会利益多元化和社会组织多样化的状况。但是，社会动员这一政治传统在国家治理中所呈现出的巨大作用不可忽视，国家对社会动员采取以政府为主导，集中和组织社会资源以实现国家的治理任务和战略目标的方式，还是有明显的依赖性。如在 2008 年的雪灾、汶川地震、北京奥运会、上海世博会等大型公共事件的处理和运行中，国家党政机关有效动员社会各组织、成员，集结各方力量并依靠大家的热情投入，实现了相关的特定目标。

可以看出，社会动员虽然在我国国家治理的历史中造成了一定的负面效果，但是在当今的国家治理机制下，社会动员突破科层制的体系，把不同部门、科室及其他社会组织的人力、财力、物力投入到政府某项任务或工程中，短时间内高效完成目标，针对自然灾害或时间紧任务重的情况尤其是针对当今国家资源相对不丰富的现况，社会动员仍是国家

---

① 马维娜. 中国教育改革中的国家观念［J］. 南京社会科学，2011（12）.

建设和发展的重要方式。

（三）整体性治理

1. 整体性治理的概念

关于整体性治理内涵的界定，国内学者分别从不同视角对其理论与实践作出了阐述。归纳总结学者们的观点后，可以认定整体性治理是针对新公共管理在实践过程中存在的争议内容提出的一种新型公共管理模式，其以责任感为基础构建心理契约，借助现代电子信息技术手段，强调整合原则，实现不同层次、地域、部门、行业的整合，以服务对象诉求为出发点，提供一站式的服务内容，实现治理目标①。

"整体性治理"诞生于20世纪90年代，是当时西方各国热衷的新兴政府治理改革。整体性治理出现的根本原因在于，第一，传统公共行政理论在实践中不能满足享受经济快速发展、科技进步下的西方民众的诉求；第二，1980年以来，在推行新公共管理理论的治理理念下，各地政府部门过度追求地方、部门利益导致各自为政状况严重，民众不满意度不断上升。因此，作为倡导合作和整体、系统内容的整体性治理应运而生。Tom Ling 参考实用主义类型学科将整体性治理分类为"内外上下"四种类型。"内"指的是组织内部协作的新兴结构；"外"指的是跨部门的路径方式；"上"指的是目标导向的责任和激励机制。"下"指的是自上而下的流程化服务供给②。克里斯托弗·波利特（Pollitt）认为整体性治理是一种可以通过横向、纵向的协调理念和行动以实现预期目标的政府治理模式。其涵盖四个方面：第一，减少政策阻碍，增强政策效能；第二，精简流程，高效利用资源；第三，政策利益相关者跨

---

① 竺乾威.从新公共管理到整体性治理 [J].中国行政管理，2008（10）.

② TOM LING. Delivering Joined-up Government in the UK: Dimensions, Issues and Problems [J]. Public Administration, 2002, 80 (4): 625-626.

群体合作；第四，社会公众的高质量服务供给。① 国内学术界比较具有代表性的整体性治理内涵为"基于管理学理念，中央和地方、公私联合的整体性组织结构。这类结构主要为网络式矩阵组织，实行目标管理，强调分权和授权，融合科技手段高效利用资源，从而回应政府治理理念、社会公众价值"②。

2. 整体性治理对扶贫治理机制创新的意义

传统官僚制的桎梏和西方新公共管理的诟病不断让人们反思，从而迫切要求当代行政制度改革，孕育了整体性政府的新理念。整体性政府基于现代经济社会的实际情况，是一种分权和授权模式的公共治理改革。整体性治理理论最开始是为在不同行政区域中各类公共组织跨区域治理提供方法论，但其对于地方政府部门、各类组织之间的合作治理、协同治理，也有重要的指导价值。

第一，整体性治理纵向上为我国各级政府之间、横向上为各地方公共治理主体之间的协同治理提供了新的理论基础。地方政府的整体性治理以集体行动为核心，以满足目标公众的诉求作为政府活动的指向，建立以职能导向为核心、跨部门协作、多元主体协同的整体组织，解决原有新公共管理理论下内部部门过分追求部门利益、短视等问题，并构建政府部门、非营利组织、市场主体通力协作的治理体系，最终实现地方政府合作治理目标。

第二，整体性治理为地方政府治理提供新的模式选择。地方政府的整理性治理内容，指的是跨区域间公共治理以及地方政府协同治理的方式，统筹地方政府间和部门间的行政力量、关系和合作机制等，实现对

---

① 胡佳. 迈向整体性治理：政府改革的整体性策略及在中国的适用性 [J]. 南京社会科学，2010（5）：46-51.

② 曾令发：合作政府：后新公共管理时代英国政府改革模式探析 [J]. 国家行政学院学报，2008（2）.

各区域资源的优化调配，以及地域间公共事务协同治理和公共产品协同供给，从而打破地方政府间的行政壁垒，实现跨域治理。整体性治理本质上是一种集体政府的行政行为。整体性治理的前提在于协调和整合，即"治理过程中组织间、个体间相互配合协作达到资源优化配置，从而实现目标"。而整体性治理的关键在于政府组织部门资源和行政要素整合、政府和社会间的协作、社会力量间的合作来实现公共价值和目标。① 可以看出，协调这项活动内容在政府整体性治理中占据着非常重要的位置，在跨区域政府整体性治理中，各地政府要履行的公共产品供给职能在细分目标和责任的时候，有可能在地方或部门利益最大化的诉求下会存在不同程度的冲突，这就要求相关协调机制介入，通过协调破除利益和心理障碍，构建各地方政府的共同愿景，确保政府整体性治理战略目标的实现。同时，在整体性治理模式下，各个地方政府及部门之间逐步建立起适应快速变化发展的市场经济环境的扁平化组织结构，打破原有层级官僚组织结构，形成高效的沟通和协调机制，实现跨区域公共产品的有效供给。由此可见，整体性治理模式较传统公共管理模式方面更适应当前信息交流、资源配置跨区域运转的现代市场经济发展环境，更能满足跨区域公共产品的需求，尤其在片区政府贫困治理方面，针对贫困展开的公共服务供给活动（资金和物资调配、政策衔接、基建）属于跨区域公共管理行为，各地方政府难以独自完成，在政府整体治理模式下，能够有效解决并确保政府贫困治理活动的有效开展。

第三，整体性治理能够优化地方政府治理过程中存在的部分"搭便车"和"行政阻碍"的问题。主要是因为"整体性"的价值观导向

---

① 温顺生.整体政府视角下的欠发达地区公共服务供给机制创新——以广西东巴大会战的组织化动员运行为例［C］//中国行政管理学会.中国行政管理学会2011年年会暨"加强行政管理研究，推动政府体制改革"研讨会论文集.北京：中国行政管理学会，2011.

促使公共治理主体要以集体组织的目标和价值为根本，强调整体性效能和公共利益。其次，整体性治理不排斥个体合作，其是建立一种公共利益下的信任关系，在这类关系中，合作主体在整体利益下进行深度合作。

（四）项目（扶贫）治理

1. 项目

项目（project）是一个可以从不同学科进行多角度阐述的概念，从管理学的视角来界定，"项目是为了创造特定的产品、服务或效果而进行的阶段性的工作，但其在一定时期内会对活动发生地及周边产生响应的社会、经济和人文影响。项目可以被认定为一种组织和管理方式，即在一定时间限定范围内，利用既定的资金、物资条件，以指定的组织和相关的运行模式来完成既定目标的过程"①。可以理解为项目可以生产出某种产品，这种产品有价值功能、服务功能，也可以针对某一领域（社会、经济、人文）产生期望的效果。项目的运行条件比较单一，其运行所需资源的多寡是主要影响因素。除此之外，项目可以在不同组织条件下运行，即可以在不同组织层次（单个或多个）和组织规模开展具体活动。

公共管理领域的项目内涵更倾向于政治学的定义，认为项目就是国家治理活动中政府实现某个特定目标而作出的政府行为过程。但是基于项目在管理学上的阐述，可以认定项目的运行不受限于组织的某个层次或节点，可以为完成既定的预期目标而将纵向的层级资源和横向的区域资源进行重新优化组合，是纯粹的运行方式，不具备体制的特征②。因此在我国，项目被认为是在现有国家财政收支制度下，中央和各地方政

---

① 项目管理协会. 项目管理知识体系指南（第4版）[M]. 王勇，张斌，译. 北京：电子工业出版社，2009：35-39.
② 渠敬东. 项目制：一种新的国家治理体制 [J]. 中国社会科学，2012（5）.

府的一种财政转移支付的运行方式。折晓叶、陈婴婴①指出在我国实行分税制的税收制度下，中央可支配资金不断增多，中央绕开传统层级制的划拨方式，采取项目制的方式进行财政支付转移，灵活完成中央定向扶持任务。张弘力、林桂凤、夏先德②认为项目是中央政府为实现其宏观调控目标委托地方政府部门代行中央政府职责而给予的专项资金补贴。周飞舟③认为，项目按照资金划拨渠道的不同，可以细分为三类：第一类是直接纳入中央财政系统预算部门预算，中央直接专项拨款扶持；第二类是中央各部门要求其下属部门履行专项职责需要所划拨的资金；第三类是财政部划拨给拥有一定预算分配权的部分部门（发改委、科技部等）的资金，部门再按照预算专项划拨。陈家建认为中央向地方、上级政府向下级政府（省、市、县、乡镇）的专项经费支出都可以被认为是项目，并且已经成为上级政府调动基层政府常用的有效手段之一④。渠敬东认为项目制就是能够将国家从中央到地方的各级政府以及社会各领域统合起来的治理模式⑤。

2. 项目制治理

"项目制"中所说的"项目"，特指在现有国家财政收支制度下，中央和各地方政府的一种财政转移支付的运行方式。项目制在执行过程中是以"项目"临时组织结构追求预期目标，但项目申报、立项、检验、配置、监督、评估、验收、奖惩环节中，会产生事本主义的偏位，

---

① 折晓叶，陈婴婴. 项目制的分级运作机制和治理逻辑——对"项U进村"案例的礼会学分析［J］. 中国社会科学，2012（4）.

② 张弘力，林桂凤，夏先德. 论中央对地方专项拨款［J］. 财政研究，2000（5）.

③ 周飞舟. 以利为利——财政关系与地方政府行为［M］. 上海：三联书店，2012：132-133.

④ 陈家建. 项目制与基层政府动员——对社会管理项目化运作的社会学考察［J］. 中国社会科学，2013（2）：64-79.

⑤ 渠敬东. 项目制：一种新的国家治理体制［J］. 中国社会科学，2012（5）：113-130.

从而促使整体国家社会体制机制的联动运行①。陈苏敏认为，项目部门运作带有项目制定者的政策导向，而项目制定者具有项目转移支付的权利，导致地方政府为了能够"抓包"获取项目，会采取不同的行动策略。因此，项目制的背后是一整套层级行政体制的制度逻辑。② "项目制"是通过财政的转移支付进行治理的，因此，"项目"规定财政资金的使用方向和数量。项目中资金增量产生了内在竞争，地方政府需要竞标才能获取项目。资金的增量能够调动地方政府建设项目的积极性，从而通过项目创造"亮点"和"示范性"的政绩。所以，"项目制"不仅是破除形式主义的治理方式，更是国家社会治理的方式。从本质上说，"项目制"是中央政府通过专项转移支付的手段。一方面，打破行政层级的桎梏，另一方面将市场失灵中分化效应问题最小化，是整体实现基础民生建设和公共服务有效化的治理方式。③ 因此，项目制不仅是一种调动庞大行政层级组织的有效机制，更是一种理念思维，一种治理国家社会个体的决策和战略选择④。

　　从实践层面来看，中央对于地方经济发展采取的是项目制的形式。因此，项目制是公共管理学科的研究重点。

　　目前，我国各级政府特别是地方政府的社会经济发展工作尝试采用了项目制的形式，很多学者对项目制的运作加以关注和讨论，使之变成了一个研究热点。例如，折晓叶和陈婴婴观察和分析了项目进村、进基层对开发、扶贫、农林、水利、交通、能源等社会项目工程的基本运作

---

① 渠敬东．项目制：一种新的国家治理体制［J］．中国社会科学，2012（5）：113-130.

② 陈苏敏．项目制在社会福利领域中的运用［D］．南京师范大学，2014.

③ 渠敬东．项目制：一种新的国家治理体制［J］．中国社会科学，2012（5）：113-130.

④ 渠敬东．项目制：一种新的国家治理体制［J］．中国社会科学，2012（5）：113-130.

情况，发现项目制本质上是一种动态治理，即国家部委"发包"项目到地方政府，而地方政府将项目"打包"分配，基层政府则"抓包"来获取项目①。渠敬东认为项目制不仅仅运用在国家治理领域，同时也运用在文化出版、教育科研实践等活动中。张良通过对国家公共文化服务体系示范区进行分析，发现"项目制"能够重构中央、地方、基层政府之间的治理关系②。陈家建通过分析成都市温江区开展的"三社互动"项目，认为"三社互动"项目能够实现社区和社会组织在公共服务和公共管理层面的创新③。项目制在当前已广泛应用于政府公共建设的各个领域，不仅仅是在基础设施建设、工程项目建设方面，甚至覆盖到教育文化公共事业、社会管理等领域。

3. 项目（扶贫）治理模式

项目扶贫治理模式是指以项目制治理、贫困治理为主要理论基础，由相关运作主体（政府部分或者社会组织）在政治体制规范下，通过相应的项目制运行机制，对有助于解决贫困问题的公共产品和公共服务供给进行规划、生产、分配和监督等形成一系列制度体系。④ 项目扶贫治理是脱贫攻坚战中的一种常态化治理模式，"与通常所说的'地方治理'都是以政府为中心，政府通过统筹社会各种资源，组织和协调多元化的人力、物力、资金、信息等，经过一定的行政过程，向社会和公众提供公共产品或服务，实现国家的既定目标和政府职能。两者实质都是运用公共权力，制定和实施公共政策，实现社会公共利益。因此，将项目（扶贫）治理与地方治理结合起来为地方政府治理和社会发展服

---

① 转引自：陈苏敏. 项目制在社会福利领域中的运用 [D]. 南京师范大学，2014.
② 转引自：陈苏敏. 项目制在社会福利领域中的运用 [D]. 南京师范大学，2014.
③ 转引自：陈苏敏. 项目制在社会福利领域中的运用 [D]. 南京师范大学，2014.
④ 唐佩. 项目扶贫：欠发达地区地方政府的一种治理模式——基于贵州省艾纳香项目的研究 [D]. 贵州财经大学，2014.

务是必要的"①。

（五）协同治理

协同治理理论是政府治理很重要的一个研究视角。协同治理的核心理念是强调在公共事务治理中各方的协调与合作。"协同治理是应对复杂性、系统性的治理危机而产生的一种治理理念，是对传统科层制的纵向线性治理模式的扬弃。它以协同和治理理论为基础，强调多元主体基于利益共同体需要采取集体行动，互相配合、相互协调、协同进步以达到协同治理优势。它是伴随着国家治理现代化进程而兴起的一种被实践证明行之有效的治理方式，已经成为'各国完善公共服务提供的趋势'。"②

党的十九届四中全会对国家治理体系和治理能力现代化做出了深刻论述，彰显了中国特色社会主义的重要制度优势是党中央总揽全局、协调各方、全国一盘棋、集中力量办大事的协同治理模式。基层治理是国家治理体系和治理能力现代化的重要组成部分，在传统基层治理过程中，基层政府组织通常是"采纳制度化规则"，但是在实践过程中面临决策难以执行，政策难以落实的困境。究其原因，行政体制的过度规范化、非正式关系网络的不断蔓延等在一定程度上冲击和背离了国家行政体制。

协同治理是应对日益复杂化的基层治理的有效治理手段，通过关注主体间的相互联系和关系，强调在伙伴关系和平等协商的基础上制定政策、展开公共性社会事务的治理。武陵山区基于对协同治理理论的运用，通过对政府组织结构的重塑以及运行机制的调整等提高政府的运作效率，推进实现基层治理现代化（徐娜，2014）。协同治理产生的协同效应，在于各要素相互作用的同时，产生相关的序参量，以促进系统的有序、稳定发展，发挥系统的整体性功能。面对日益复杂的公共事务，

① 田培杰.协同治理：理论研究框架与分析模型［D］.上海交通大学，2013：3.
② 田培杰.协同治理：理论研究框架与分析模型［D］.上海交通大学，2013：3.

要达成良性的治理循环，就需要治理主体的合作系统。人才是第一资源。因此，搭建政府与人才之间的沟通桥梁，提升人才管理效率是落实政策的关键一步，也是政府转型的必然选择；推动人才协同治理是优化市场布局、配置资源、实现公共利益最大化的过程。邱志强（2016）基于江苏政府人才管理的困境，指出应用协同治理探索人才管理改革发展之路，可以促进社会组织变革，满足市场人才需求并加快政府转型。当下，信息技术的高速发展为政府治理提供了新的技术手段。关于协同治理与大数据技术的结合应用，是否有利于政府治理能力的提升，熊光清（2019）做了充分论证：大数据技术为政府治理能力提供了新的技术基础，将大数据应用于政府治理是信息化时代的必然选择，不仅对决策过程科学性和现代化有很大提升，也对政府公共服务高效化大有助力，使政府能更好地履行其职能，提高治理效能。在此过程中，多元治理主体参与的角色定位，是发挥治理主体作用的前提，协同治理为政府内部治理主体和政府外部治理主体的协同合作提供了理论基础，通过整合职能部门和各级政府组织以及其他组织，促进信息共享，降低行政成本，提高政府综合治理水平。区域协调发展中的政府治理是当前学界研究的重要课题。姬兆亮（2013）以中国区域协调发展为切入点，在政府协同治理可行性分析的基础上提出协同治理理论的中国化，并将其引入中国区域协调发展的过程中。张成福（2017）就党中央提出的雄安新区建设为研究样本，对雄安新区政府治理创新进行了理论分析。首先，政府治理的核心和起点应该是人民，必须确立人民在社会中的主体地位，雄安新区政府治理的宗旨便是顺应民心，解决人民的需求。其次，人民参与公共事务的治理，增强民众的社群意识，提高公共责任感，是决定新区未来政府治理成效的关键。此外，因新区是一个高度政治性、跨域性的公共战略议题，张成福提出推进跨域协同治理，在原有的区域空间形态与规模上进行重组，对原有的地方治理模式做出新的回应，"以统筹、协调、指导新区的规划、建设和发展"。最后提出新区政府也可以透过市场来促进公共政策的产生和落实，政府在履行职能的过程中，在公共事务管理的过程中，通过建构整体性政府提高管理效率。

此外，协同治理的治理理念也在其他研究视角上得到学者的重视。李晓智（2019）提出建立协同治理体系以推动传统武术文化的传承。朱军（2019）认为协同治理的理论内涵也应当运用到民族事务的管理中，打造各民族成员共建共治共享的社会治理格局，积极推进纵向秩序整合机制与横向秩序协调机制的有效衔接①。

已有的研究为协同治理中国化奠定了重要的理论基础，为协同治理在中国公共管理领域的实践提供了宝贵的经验和参考。协同治理丰富了治理内涵，使其在中国政府治理领域、社会管理领域以及公共服务领域等都有不同程度和范围的应用，并取得了一定的治理成效。理论层面的分析拓宽了协同治理在中国公共管理领域的研究范围，并为管理实践提供了指导；从调查分析方面出发探究的协同治理，在落实公共管理目标的同时，也充实了协同治理的理论根基。

---

① 朱军．城市民族事务政府治理的理念变革与机制创新［J］. 中南民族大学学报（人文社会科学版），2019（11）.

第一章

治理与国家治理理论概述

第一节 治理的兴起及其内涵界定

一、治理理论的兴起

随着当今社会经济的快速发展，多元化经济的逐步形成，相对应地出现了政治生活的多元化，同时对传统的国家统治和管理也提出了新的要求，"治理"概念被提出和探讨，当今治理已经成为理论界和实践界研究的热点，那治理的内涵究竟是什么？

1990年以后，我国的治理理论和实践不断深化发展，因为中西方国情的不同，文化以及制度也并不相同，中西方治理理论的差异化逐步深化，主要表现为西方治理理论在本土化兼容性错位。因此，我国需要根据国家发展和治理实践进行深刻总结，推进我国治理的本土化，形成具有中国特色的治理方法和理论。

党的十八届三中全会首次提出了"推进国家治理体系和治理能力现代化"的概念，再到党的十九届四中全会奠定和深化了我国的国家治理体系和治理能力现代化。国家治理体系及治理能力结构的完善和建设，成为了中国特色社会主义制度和我国国家战略发展和改革的重要方向和目标选择。

二、治理的内涵

治理在当代世界经济社会中是一个非常重要的概念。涉及治理概念的除了有全球、国家、社会、政府、公共、社区等治理外，还有减贫、高校、运动型治理等。治理（governance）源自拉丁语和古希腊语。原先的"治理"概念一般指的是统治者对于被统治者的控制、指导和操纵。一直以来，"统治"（government）和"治理"（governance）基本为一种概念，一般指的是国家作为统治主体主导管理和参与大部分的公共事物和政治活动的行为。随着时代发展，政治、经济、社会领域相互渗透融合，社会问题范围不断扩大、社会公共参与力量不断增多，因此，治理的内涵和意义得到了深化和重构。1995年，联合国全球治理委员会对"治理"进行了权威官方的定义——治理为公共主体协同私人领域的个体和机构等相关主体进行共同参与公共事物的管理行为的总和，公共利益和私人利益相互在共同主体参与治理行为过程中持续性动态性调整。在这一过程中，治理合法性来源主要有两种模式：一是正式制度和规则的认同和服从；二是非正式制度和规则的认可和同意。因此，治理在宏观方面有四大特征：第一，治理不是官方既定的制度和准则，也不是某种政府行为和活动，而是一个共同参与的过程；第二，治理过程不是在于某一类主体的主导或控制，而是多方力量共同作用参与；第三，治理主体不仅仅有公共部门，也有私人部门、社会组织、非营利性组织共同参与；第四，治理是一种持续性共同交互活动的过程。总而言之，治理本质上是一种以公共利益为目标的社会合作过程，在这一过程中，国家作为治理首要主体处于中心地位，但功能不是主导和领导职能，而是通过参与和共同合作促成公共利益目标的达成①。

治理的概念源自西方，因此治理相关理论和概念植根于西方政治文化的背景，西方治理理论运行逻辑和本质则是依据西方国家的社会经济发展、政治制度变迁和公民社会来运行的，治理也成为"后民主时代"的公共管理。西方治理是基于在成熟稳定政治框架和成熟政府结构下融合公民社会的产物，其中特点为公民参与治理的高度积极性、成熟稳定的政治光谱、理性思考的能力、合理逻辑的分析能力。我国政治制度和社会经济发展现实情况与西方国家大相径庭，治理理论生搬硬套会导致治理效能低下甚至产生负面效果等。这是因为"国外治理过程中包含输入的行政价值取向和政治光谱，如果忽略价值取向和政治光谱的输入，只是聚焦政策效能的输出，就可能会导致治理价值的错位、治理过程的失效和治理评估的偏差等根本问题"（杨志军，2013）。因此，国外学者所研究出的治理指标用来测量当下中国的治理情况或者是国内学者对于治理理论生搬硬套可能会产生一定的不适应性，如何将治理理论的研究中国化是国内学者需要去探索和解决的一道难题。

国内外学术界对于治理理论研究都有不同的侧重点，但是在治理逻辑本质上基本达成一致，即公共治理主体参与社会公共事务的过程，其中强调的是一种"权力和权威只能仅限于维护社会秩序"的合作模式②。治理合作过程中包括政府和公民、政府机构和非公组织的合作，摒弃传统官僚制的管理模式，倡导治理机构之间平等合作，以提供优质的公共服务满足全体社会成员。

中国学者从中国本土出发对治理概念做了很多研究。国内知名公共

①　杨志军. 当代中国政府"运动式"治理模式的解释与反思 [J]. 当代中国政治研究报告，2013（0）：225-244.
②　包国宪，郎玫. 治理、政府治理概念的演变与发展 [J]. 兰州大学学报（社会科学版），2009，37（2）：1-7.

管理学者张康之等人结合我国传统政治理解和人文表达习惯，把国外学者"国家治理"用"政府治理"来对治理概念进行展开阐述，其适用范围更广，也更容易被民众理解。政府治理包括内外两个方面。在国家治理体系下，政府在职权统一的前提下，对内通过政府运行体制改革，职能转变、管理理念和制度的创新，保证政府治理的活力和能力；对外政府代表国家、公众的当前及长远利益，通过合理集权和分权，确保各个政府单元协调好政府、市场、公众的关系，以市场为主题，借助宏观调控手段，实现公共资源优化配置，提供公众满意的公共产品和服务，实现国家治理目标。

三、国家治理的内涵

国内对国家治理的理解基于本土化的政治背景。我国学者王浦劬（2014）指出"受中国传统政治理论或经验的影响，国内对国家治理通俗的解读为'治国理政'，即统治者治理和处理政府，这一解读也反映出我国政治理论研究习惯于从统治者治国理政的经验总结及抽象概括角度出发"[①]，国家治理理论本土化研究也体现了这点，相关观点有：

何增科（2014）认为，第一，国家治理的主体是国家政权的掌控者以及公共管理者和利益相关者等多元主体以合作为基础形式构建相关责权机制对管辖区域内的公共事务，谋求优化公共资源配置和公共利益最大化，以及保障社会秩序稳定；第二，政府、市场和社会是现代国家治理体系的三个治理子系统，其中，政府治理以其自身独特的公权力为基础，由政府以层级官僚体系配置资源，以规制工具规范各主体行为，多元化提供公共服务产品，达成公共秩序稳定与公共利益提高的良性循

---

① 王浦劬. 国家治理、政府治理和社会治理的基本含义及其相互关系辨析 [J]. 社会学评论，2014，2（3）：12-20.

环；第三，市场治理是依靠市场机制，即供求机制、价格机制、竞争机制和风险机制，引导企业在法制及社会公德的共同约束下追求经济利益，同时产生正外部效应，包括良好的社会效益、满足一定程度的公共利益，实现经济秩序的良性发展。三种治理共同构成国家治理系统，且相辅相成①。

徐湘林（2010）认为中国国家治理体系的构建理念和形式具备明显的"治理适应型渐进改革"特征②。在这一过程中政府运行机制和职能的转变，是往"强国家"为特征的方向发展，即使我国不断去除计划经济时代全能政府的管理职责，但伴随着对市场经济的实现和社会转型，国家相应开展体制改革和政策调整，着重发挥政府宏观调控能力，形成了国家治理的新模式。国家治理体制在市场经济发展和社会转型中具有重要意义。社会主义市场经济不断深化发展，经济成分的多样化和经济利益的多元化催生了社会主体的多元化，出现新的社会阶层组成的社会结构，而新的社会阶层在日益形成的公民社会中对国家的制度、政策的出台有着不断增大的影响力，由此国家在制度和政策的制定方面引导新阶层的精英参与制定过程，而对出现的弱势阶层制定加大社会保障服务的制度，维护社会稳定和良性发展，这些都需要强化政府治理能力来完成。

周雪光（2011）认为中国国家治理本质上是威权体制下的动态治理，其中治理逻辑上包含着在决策集中性和执行灵活性的运行框架下，礼仪化政治教化和运动型偏差纠正的应对治理过程偏差、中央政策的结构性问题。我国的国家治理机制是依据国家官僚层级体制来运作的，但

---

① 何增科. 建立党政主导、多方参与、共有共享共治的新型社会治理体制［N］. 中国社会报，2014-01-10（5）.
② 徐湘林. 转型危机与国家治理：中国的经验［J］. 经济社会体制比较，2010（5）：1-14.

治理过程破除了"官僚制"的诟病①。运动型治理是中国国家治理的主要方式和内在逻辑②。面对多元的治理环境和庞大的治理规模，静态的官僚体制表现出常规性运行失败和组织失控，其中通过运动型治理动态调整和打破官僚制原本层级低效的问题③。而从治理和法律约束的关系上来看，一方面，威权体制运动型治理会部分反噬层级体制的稳定性，另一方面，依据国家基本制度依靠依法治国制度以及制度化运行逻辑的要求，中国国家运动型治理受到了法律框架的约束，导致限制了运动型治理的灵活性和效能。这就产生法制制度化与运动型治理的两大矛盾冲突，引发自身体制治理效能和统一性之间的矛盾。

王浦劬（2014）认为根据中国共产党对马克思主义国家理论中国化的政治实践和理论实践，特别是根据改革开放和市场经济建设中产生的国家治理实践和理论，是中国话语体系和语境下的中国特色社会主义理论的重要组成部分。中国国家治理是基于中国制度和改革开放进程中，凝结的中国共产党科学领导智慧、高效民主依法执政智慧结晶④。

我国学术界对于治理的认识不断完善，特别是基于中国语境中的国家治理理论的发展和完善，我国学术界基本对于治理形成共识，即国家治理是在特定历史环境下，国家作为治理主体为了实现政治经济社会发展的公共目标，形成的政府治理、行政方式、社会参与的平衡机制⑤。其中包含三大要素：一是治理的前提和条件需要依据特定的历史背景。

---

① 程李华. 现代国家治理体系视阈下的政府职能转变 [D]. 中共中央党校，2014.
② 周雪光. 权威体制与有效治理：当代中国国家治理的制度逻辑 [J]. 开放时代，2011（10）：67-85.
③ 周雪光. 运动型治理机制：中国国家治理的制度逻辑再思考 [J]. 开放时代，2012（9）：105-125.
④ 王浦劬. 国家治理、政府治理和社会治理的基本含义及其相互关系辨析 [J]. 社会学评论，2014，2（3）：12-20.
⑤ 程李华. 现代国家治理体系视阈下的政府职能转变 [D]. 中共中央党校，2014.

历史背景是治理体系选择的重要参考因素，需要从历史发展现实情况来选择治理模式。二是治理目标必须具有明确性。与政治行为相比，国家治理是一种明确达成公共目标的过程，其中包含创新和减少行政成本两个维度。三是权力结构体系的相互制约平衡。政府和社会、政府和市场共同参与公共事物，提供公共服务是国家治理的题中之义，因此，治理过程中多方利益平衡、法制约束和治理效果的平衡、方式和目的的平衡是治理公共问题的本质。其中的关键点在于"治理高效性和经济性之间的平衡"①。因此，国家治理的落脚点是提高和完善民生，增加人均可支配收入，完善社会保障体系，从而实现人民全面自由的发展②。进而言之，国家治理就是对人们的行为加以适当约束，致力于将人们的行为后果限制在一定的社会秩序范畴里。因此，国家治理方式要与社会发展趋势和人类行为的动力机制相符。

四、政府治理的基本含义

从通俗意义上理解，政府治理是运用其特有的公权力对社会中的公共事务进行治理的一系列过程及成效。从中可以看出，政府治理的治理对象包括政府自身、公众、公共产品、市场各主体、非营利组织等，是一项涉足内容繁多的公共管理活动。尤其是当今市场经济充分形成的背景下，政府自身管理的合理化和高效化、公众诉求多样化、市场运行复杂化状况明显，这就需要政府在治理的过程中思考如何界定好政府、社会、市场各类主体之间的关系，从而形成多元主体协同、共同参与公共事物的治理体系。

---

① 王浦劬，李风华．中国治理模式导言［J］．湖南师范大学社会科学学报，2005（5）：44-48.

② 唐皇凤．社会成长与国家治理——以中国社会治安综合治理为分析对象［J］．中南大学学报（社会科学版），2007，13（2）：131-136，141.

我国学术界对于政府治理概念逐步形成本土化共识，认为政府治理需要立足于我国基本国情①。王浦劬（2014）认为政府治理是源自国家治理的重要概念，我国政府治理是中国共产党治国理政话语体系中的重要组成部分。指的是在中国共产党领导下，国家行政体制机制遵循人民民主专政和为人民服务原则，政府治理需要维护社会秩序和稳定，提供高质量的公共服务，完善各类规章制度，实现和发展整体公共利益②。政府治理包含三方面内容：第一，政府治理需要不断完善政府内部结构，优化政府资源配置，完善政府运作流程，增强政府行政能力，深化政府职能，从而提高政府在治理过程中的科学性、共享性、公共性、高效性。第二，政府治理作为"有形之手"不断调整市场经济，正确处理政府和市场关系，施行宏观调控来维持健康市场运行，通过产业政策来刺激市场活力，从而促进市场经济繁荣发展。第三，政府作为社会治理的主体，基于党委领导、政府引导、社会协同、公众参与、法律保障的整体格局下，政府积极参与公共事物并且提供高质量的公共服务③。

第二节 贫困治理模式

一、贫困治理模式的内涵

模式是指一种对事物进行分析相对稳定的范本或构造，是可以使人

---

① 包国宪，郎玫. 治理、政府治理概念的演变与发展 [J]. 兰州大学学报（社会科学版），2009，37（2）：1-7.

② 王浦劬. 国家治理、政府治理和社会治理的基本含义及其相互关系辨析 [J]. 社会学评论，2014，2（3）：12-20.

③ 王浦劬. 国家治理、政府治理和社会治理的基本含义及其相互关系辨析 [J]. 社会学评论，2014，2（3）：12-20.

根据其构造来实施的某种事物的规范样式。

模式是依据历史经验和目前现状形成的。模式是表达现象内在逻辑和本质规律的一种媒介，模式在发展过程中不断根据现实情况变化进行调整和完善，从而形成正确范式和认知。模式具有结构性和整体性，模式结构组合变化会引起整体框架的变化，并且通过一种可预测的转化形式表现出来①。

所谓贫困治理模式，就是用何种手段、途径、方法来行使政府提供的公共产品或公共服务的基本职能从而解决贫困问题，是政府对贫困的治理理念、治理体制机制及具体治理方式的总称，贫困治理模式体现着国家基本性质与职能，我国社会主义制度的国家性质决定了我国贫困治理模式的人民性性质与特征，即一切为了提高人民群众的幸福感、获得感、安全感。贫困治理模式的选择跟特定的历史文化、国家制度、时代背景息息相关，是一个动态发展过程，需要不断与时俱进，不断创新。贫困治理模式创新实际上就是遵循当下发展需要，尤其伴随着新时代我国社会主要矛盾变化，适时调整与优化政府治理的理念和工作方式，进行体制机制创新，不断改进、提升、创新、塑造贫困治理模式。

贫困治理模式可以从广义和狭义两个方面来理解，广义的贫困治理模式是指从纵向角度出发，包括脱贫攻坚活动的一系列各项行为的总和，具体包括贫困问题的界定、脱贫政策制定、扶贫实施过程中资源整合，运行机制、成效评估以及反馈、控制等战略实施过程。

狭义的贫困治理模式是从横向角度去理解脱贫攻坚政策的运行模式，即扶贫开发过程中为实现某个阶段贫困群体的脱贫目标而采取的不同的一整套做法，如以扶贫资源传递环节为划分标准可以分为：贴息贷款扶贫模式、以工代赈扶贫模式和财政扶贫模式三种类型。以贫困人口

① 彭漪涟，马钦荣主编．逻辑学大辞典［M］．上海：上海辞书出版社．2010.

受益环节为划分标准可以分为：区域开发扶贫模式、科技推广扶贫模式、劳务输出扶贫模式三种类型。

二、贫困治理模式的构成环节和运行机理

龚晓宽（2006）认为"在扶贫模式的构成环节上应包括：扶贫的战略决策、扶贫的资源传递和资源接收三个方面"①。

第一，要根据国家经济社会发展总体战略部署和地方实际贫困情况拟定一个在特定区域和时期内的工作总目标；依据总体目标分解子目标，确定子目标实现的关键指标，如脱贫率、收入水平等；识别符合目标界定的扶贫对象，即目标群体。

第二，具体包括扶贫资源的整合，以及扶贫资源使用，这是扶贫模式中最为关键的环节，涉及如何有效使用扶贫资源，实现资源高效化使用的目的。

第三，扶贫资源接受。"接受环节是前两个环节的延续，是扶贫模式运作系统的终端。接受来自传递环节的人、财、物等各种资源是其最基本的功能，具体完成扶贫项目的选择、实施，确保目标群体从中受益"②。

总之，贫困治理模式的运行机理指的是党政部门等扶贫开发主体整合一定的生产要素和资源，利用一定的方法和措施作用于脱贫客体（贫困对象），促进脱贫对象脱贫摘帽、发家致富以及在整个运行过程中所采取的决策、传递、接受、实施、监控、评估、反馈等基本环节进行互动的逻辑关系的总和。

---

① 龚晓宽. 中国农村扶贫模式创新研究［D］. 四川大学，2006.
② 龚晓宽. 中国农村扶贫模式创新研究［D］. 四川大学，2006.

三、中国扶贫开发的基本模式

中国扶贫模式的变化过程，是随着扶贫实践不断深化和科学化的演进过程。其形式也不断向多样性和精确性方向发展。按照不同的划分方法有不同的扶贫治理模式。以下是常见的两类划分法。

（一）以扶贫主体的主导作用的程度和扶贫客体的能动作用的范围和大小可以分为：救济式扶贫模式、开发式扶贫模式、参与式扶贫模式[①]

演进的过程：从救济式扶贫模式到 1986 年的开发式扶贫模式，再到现在的参与式扶贫模式。

1. 救济式扶贫模式

救济式扶贫模式是我国在改革开放前使用的扶贫模式，即通过政府转移支付直接向贫困人口提供生活必需品、教育、卫生服务以及其他补贴等，满足基本生活需要，又被称为"输血式"扶贫模式，在短期内解决贫困民众的当前需求，提高民众认可度，但救济式扶贫易使贫困民众产生依赖心理，缺乏通过自身劳动脱贫的动力，滋生"等、靠、要"思想。

2. 开发式扶贫模式

开发式扶贫模式最初是以贫困地区整体为对象的区域扶贫帮扶模式，主要是以扶贫地区的整体经济发展提升为目标，以市场经济为导向，国家通过各项政策措施向贫困地区提供财政扶持、输送或提升地方技术水平、提高劳动力素质等方式，力图以地方经济整体快速发展，带动贫困人口脱贫致富，实现地方经济发展和贫困人口脱贫的良性循环。到了 2001 年，中国政府认为开发式扶贫是历年来反贫困最为成功的模

---

① 李菊兰. 非政府组织扶贫模式研究［D］. 西北农林科技大学，2008.

式，因此，在《中国农村扶贫开发纲要（2001—2010年）》中指出，中国政府要以开发式扶贫作为贫困治理的主要模式。

开发式扶贫模式在具体运行中，由于涉及的扶贫主体、客体、资源条件等因素的不同，还可以细分为两种类型的开发式扶贫模式，一种是政府主导型扶贫模式。即政府主导整个扶贫活动的全部过程，具体表现为政府提出扶贫目标，由政府制定、调配扶贫政策、人力、物力、财力等各项资源，以政府职能的履行为主要形式开展开发式扶贫，是我国开发式扶贫最主要的实施模式。

另一种是非营利组织NPO（Non-Profit Organization）主导型扶贫模式。是指由志愿团体、社会组织、慈善机构等非政府组织作为扶贫主体的开发扶贫模式。主要是"以国家、地方政府出台的扶贫政策、措施为依据，借助自身渠道调配资源帮助贫困地区和人口开展生产或经营活动"①，实现解决贫困的扶贫行为。在实践中一般通过两种方式帮扶贫困民众：一是针对解决生产上的问题，结合地方生产实际要求，直接提供地方生产所必需的资料、资金（小额贷款方式发放）、技术（技术指导）等，实现以生产劳动脱贫致富；二是以提高贫困户内生动力为目标的方式，即采取支援贫困地区文化建设、教育活动、劳动力培训等一系列举措，提升贫困户的自我脱贫能力。

3. 参与式扶贫模式

参与式扶贫（Participatory Rural Appraisal，简称PRA）是政府按照开发扶贫政策开展各项扶贫活动时，由政府提供政策、资金、平台支持，鼓励贫困户参与扶贫活动的各个环节。包括扶贫项目认定、具体措施制定和可行性分析、扶贫活动过程的监督，鼓励贫困户转变观念，由原有的被动扶贫转为主动脱贫，激发贫困户的积极性和创造性，确保开

---

① 龚晓宽. 中国农村扶贫模式创新研究［D］. 四川大学，2006.

发扶贫政策措施合理化和高效化，实现贫困户逐步建立自我发展能力，从根本上实现脱贫致富。参与式扶贫模式在实践中证明，原有政府全面主导开发扶贫的方式，在调动贫困户方面的资源有一定局限性，让贫困户广泛参与，扶贫资源更为集中，有助于解决贫困。

（二）按照大扶贫格局的划分方法，可以分为专项扶贫模式、行业扶贫模式、社会扶贫模式

1. 专项扶贫模式

（1）"整村推进"扶贫开发

"整村推进"扶贫开发是以集中连片贫困村为基本单元，以村级扶贫开发规划为基本依据，以经济、社会、文化全面发展为目标，充分考虑当地民众发展意愿和地方传统经济发展优势及资源便利，"整合各方资源，集中进行综合治理、整体推进，使全村在经济发展、生产生活和收入等方面逐步得到好转，基本实现贫困村的扶贫开发目标，分批次实现整村脱贫发展的一种扶贫模式"①。

（2）产业化扶贫开发

具体内容有：第一，按照贫困地区各地在广西地方经济中的功能划分，同时科学利用贫困地区的生态环境和自然资源，进一步对产业布局进行优化认定，并且调整地方经济结构，确保能形成具备广西地方特色的农业，尤其对于贫困山区，做到参考市场需求和地方资源的结合，发展新的产业项目或者承接产业转移；第二，围绕产业扶贫构建农村产业服务体系，包括协助贫困地区农业产业发展主体的经营水平，改善地方产业发展环境，扶持农业设备的现代化换代，全面实现农村产业发展现代化；第三，全面发展贫困地区的特色种养殖业、加工业、旅游业，同

---

① 张利国. 鄱阳湖生态经济区农村贫困现状及政策思路［J］. 江西财经大学学报，2011（4）：73-79.

时培养龙头产业及标志性产品，增强市场竞争力及自我发展，以点带面拉动地方经济。

（3）劳动力转移就业扶贫开发

按照"就业导向、技能为本"的原则，继续实施"雨露计划"，扩大完成贫困劳动力教育和劳动技能培训。重点扶持农村贫困家庭"两后生"继续接受正规职业教育和中长期技能培训。着力于提高贫困人口创新创业和增收就业的能力，不断探索培训新模式，增加对贫困农民的培训强度，促进新发展。把外输与内转有机结合起来，促进贫困劳动力就地就近转移就业，鼓励和支持贫困农民返乡创业和就业。

（4）易地搬迁扶贫

易地扶贫是指将生活在生存条件恶劣，就地脱贫成本过高或者概率过低的地区贫困人口搬迁转移到别的区域，并采取一系列措施对转移地进行完善优化，如改善转移地生产生活条件、营造良好的地方就业环境、扩展增收就业新途径等，推动转移的贫困人口稳步摘掉贫困"帽子"。易地扶贫搬迁工作中，核心在于搬迁和致富两个方面。首先，要落实搬迁地址各项软硬设施到位，包括确保搬迁地址"三通"（通水通电通路），兴建搬迁小区，提供给搬迁户土地或提供如"扶贫车间"等其他收入来源，提高搬迁户搬迁意愿。其次，要出台各项鼓励政策，包括搬迁、住房、就业等补贴政策，保证公共服务均等化，制度上给搬迁户解决后顾之忧。

（5）其他类型扶贫

一种是兴边富民扶贫，以边境地区的贫困边民为扶贫对象，侧重于利用地域优势，加大边境贸易及跨国边贸合作方式，实现边境贫困地区经济发展和贫困边民脱贫致富的目的；另一种是老区建设，对属于革命老区的贫困地区进行扶贫开发，主要是通过整合各方扶贫资源，对贫困革命老区最为薄弱的基础设施进行大规模建设，以及因时制宜开展特色产业扶贫，全方位解决革命老区贫困问题。

2. 行业扶贫模式

（1）基础设施扶贫

内容包括：第一，建设能解决基本出行问题的屯级路，以砂石路为主要形式，之后按照资金整合情况，实现屯级路全面道路硬化，改善了片区出行便利状况；第二，推进农村饮水工程建设，兴建各类水利设施，解决饮水问题；第三，实行危旧房改造，即对符合政策条件的农村危旧房推倒新建，并进行建设补贴，规范建设用地和规模，改善贫困地区住房状况；第四，实行农村电网改造，具体包括对符合通电条件的村屯搭建通电设施，以及对老旧农村线路改造，实现正常通电；第五，开展文化科教（教育、文化、卫生、广播）基础项目建设，让贫困地区享受正常文化科教服务。比如，广西近年来实施的系列基础设施建设大会在很大程度上优化了当地的产业发展环境和贫困群众的生活质量，对推动地方经济发展，解决贫困，奠定了良好的基础条件。

（2）教育扶贫

第一，科学设置贫困地区的学前教育办学点，并提供相应办学补贴，确保学前教育全面覆盖；第二，在义务教务阶段，推行集中办学，整合多方资源提升办学软硬件水平，同时落实国家对贫困地区的学生营养餐计划和提高寄宿学生生活补助，让农村贫困地区的贫困家庭子弟能正常享受国家义务教育的权利；第三，落实国家对贫困家庭高中生的补助标准，对选择就读中等职业教育学校的贫困户进行学费、生活、交通方面的补贴；第四，开展和推进高等教育对口支援，定向招收贫困家庭学生，落实"雨露计划"等对贫困大学生资助，保证贫困家庭学生不会因贫失去读大学的机会；第五，持续开展农村劳动力转移和实用技术培训，提升农村自我脱贫能力。

（3）社会扶贫模式

社会扶贫模式是指整合、协调社会力量参与扶贫，具体包括：一是定点扶贫。这是我国各贫困地区最常见、最主要的社会扶贫方式，具体是制定国家党政机关、企事业单位定点帮扶制度，明确定点帮扶单位多渠道筹集扶贫资金、物资、技术力量等扶贫资源作为扶贫投入，由帮扶单位选派具备扶贫能力的中青年骨干干部到扶贫一线与当地政府一同展开扶贫工作。二是粤桂对口帮扶扶贫。即广东对口帮扶广西，通过建立政府高层会晤协商机制，部门、地方对接机制等，广东对广西开展资金、教育、医疗、产业等扶贫帮扶项目，推动广西整体贫困治理。三是民营企业参与扶贫。采取政府采购、项目投资、村企共建等方式，照顾民营企业盈利的诉求，调动民营企业参与扶贫，扩大扶贫主体范围，增强扶贫力量。四是社会组织参与扶贫。主要是通过公关效应，以有助于树立社会组织美誉度和知名度为激励因素，调动社会组织或个人参与扶贫工作，同时做好国内外慈善机构扶贫的服务工作，实现集合社会力量参与贫困治理。

第二章

广西集中连片特困地区现状及
贫困治理模式

2011 年，我国颁布了《中国农村扶贫开发纲要（2011—2020 年）》，进行了集中连片式扶贫开发的战略部署，明确了集中连片式扶贫开发的战略。"纲要强调集中连片特困地区扶贫攻坚的重要性，要求构建政府专项扶贫、行业扶贫、社会扶贫等齐头并进的大扶贫格局，明确以完善的、针对性的扶贫政策保障为基础，加快转变贫困地区的经济发展方式，提高扶贫对象的自我发展能力，推进贫困地区公共服务均等化，统筹区域发展与减贫战略，实现集中连片特困地区摆脱贫困状况"①。广西作为滇桂黔石漠化片区的主要构成区域，是典型的集中连片特殊困难地区，在开启全面建设社会主义现代化国家新征程，向第二个百年奋斗目标进军的历史新时期加强对广西集中连片特困地区扶贫开发的分析与研究，显得尤为紧迫与重要。

---

① 孔威. 滇桂黔石漠化广西片区扶贫开发战略研究［D］. 广西大学，2014：10. 具体可参看《中国农村扶贫开发纲要（2011—2020 年）》。

第一节　广西集中连片特困地区扶贫开发的现状分析

一、基本现状

广西集中连片特困区域范围包括南宁、柳州、桂林、梧州、防城港、贵港、玉林、百色、贺州、河池、来宾、崇左12市下辖的35个县（市、区），558个乡镇6882个行政村（社区），总面积为12.05万平方公里，占全区总面积的50.91%，2014年年底，总人口约2022万人，占全区总人口的38.2%。集中连片特困地区集"老少边山穷库"为一体，是广西贫困人口最多、贫困程度最深、扶贫攻坚难度最大的地区。详见表2-1①。

表2-1　广西片区市县名称

设区市名称	县（市、区）名称
南宁市（3）	隆安县、马山县、上林县
桂林市（2）	龙胜各族自治县、资源县
柳州市（3）	融安县、融水苗族自治县、三江侗族自治县
河池市（10）	凤山县、东兰县、罗城仫佬族自治县、环江毛南族自治县、巴马瑶族自治县、都安瑶族自治县、大化瑶族自治县，金城江区、南丹县、天峨县
百色市（12）	右江区、田阳区、德保县、靖西市、那坡县、凌云县、乐业县、田林县、西林县、隆林各族自治县、田东县、平果县
崇左市（4）	宁明县、龙州县、大新县、天等县
来宾市（1）	忻城县

---

① 孔威.滇桂黔石漠化广西片区扶贫开发战略研究［D］.广西大学，2014.

二、广西集中连片特殊困难地区的类型与特点

（一）大石山区

广西属典型喀斯特地貌地区，同时也是我国石漠化最为严重的地区之一。据 2005 年全国石漠化调查数据显示，广西共有岩溶地质 12495 万亩，占广西总面积的 35.3%，其中石漠化地区 3500 多万亩，准石漠化地区 2700 多万亩①，并且石漠化面积仍在以每年 3%~5%的速度不断扩大。广西石山地区涉及 43 个县，面积达 30 万亩，占全国石山地区面积的 30%以上，其中大部分石山地貌集中在广西中部的红水河流域、柳江流域，桂西的左、右江流域，桂东北的漓江流域中下游两岸。广西岩溶地貌区域约有 1100 万人口，农村人口约 950 万，少数民族人口约 800 万②。受历史因素和地理条件等方面的制约，大石山区经济发展严重落后，与区内其他城市以及发达地区的差距不断拉大，是广西区内"老、少、边、山、穷、库"经典石漠化地区。其贫困现状特征具体表现为：（1）自然环境极端恶劣。大石山区境内峰峦叠嶂，沟壑纵横，资源匮乏。据统计，该区域人均耕地面积仅为 0.59 亩，且绝大部分是易旱易涝的石缝地。人均耕地不足 0.5 亩的有 37 万户 160 万人，其中，急需搬迁才能解决贫困问题的就有 9 万户 40 多万人。（2）贫困程度特别深。2009 年，全区大石山区贫困人口超过 260 万，占全区贫困人口总数的 67%。由于缺土、缺水，稳定增收的产业很难发展，农户几乎没有什么收入来源，贫困村年人均纯收入仅 1000 元左右，远低于其他地区。（3）农村基础设施十分落后，集中表现为水、路、电方面的困难。（4）农户居住分散，劳动者素质低下。受自然条件限制，农户居住分散，尤其是

---

① 韦继川. 多模式推动岩溶地区减贫 [N]. 广西日报，2011-12-03（06）.
② 蒋桂雄. 广西石漠化亟待治理 [N]. 中国绿色时报，2007-01-17（2）.

少数民族杂居的地方，更是以单家独户居住为主。农户经济基础差、文化素质低、思想比较保守。（5）生态环境破坏严重。区域内人口承载压力大，石漠化严重，且自然灾害频繁，直接威胁到当地群众的生产生活，影响到珠江流域的生态安全。

（二）边境地区

广西与越南接壤，边境线长 1020 公里，与越南 3 个省 17 个县毗邻。边境一线有那坡、靖西、大新、龙州、防城、东兴 8 个县（市、区），土地总面积 1.8 万平方公里（占广西总面积的 7.5%），辖 103 个乡镇、1063 个村（居）委会，总人口 247 万人，其中壮、瑶、苗、彝等少数民族人口占 80%以上。8 个边境县均为国家或自治区扶贫工作重点县。长期以来，边境地区受战争影响十分严重，投入少、建设少，固土守边任务重，经济发展水平低、基础设施和社会事业落后，群众生活质量低，贫困程度深。近年来，国家通过开展一系列"兴边富民大会战"行动加大对广西边境民族地区基础设施建设、公共服务供给、社会治理的力度，修建了一大批基础设施。然而，边境地区仍然是广西发展最滞缓的地区之一，"广西壮族自治区 2007 年边境贫困地区调研数据显示，广西边境线 20 公里范围内贫困人口人均年收入低于 692 元的绝对贫困人口达 11.6 万人（占总人口的 13%）"①，未通公路的行政村80 个（占行政村总数的 17%），未通公路的自然屯 1268 个（占自然屯总数的 29%），未建沼气池的农户 6.3 万户（占可建沼气池农户总数的47%），住破旧危房的农户 2.7 万户，需建乡镇卫生院 17 个（占乡镇总数的 22%），需建村屯卫生所 510 个（占村屯总数的 12%），乡村小学教师仍住 C 级危房的面积达 2.9 万平方米。

---

① 张远，李国君. 广西推进边境地区农村劳动力创业就业的实践［J］. 中国培训，2010（11）：2.

（三）少数民族聚集区

广西是我国民族自治区之一（广西少数民族人口约占全国的20%），世居民族12个，共有54个民族成分，少数民族人口约占38.4%，其中壮族人口约占32.5%。广西少数民族呈"大分散，小聚集"的分布情况。12个世居少数民族中，壮族是人数最多的少数民族，主要聚居在桂西、桂中地区；瑶族散居在各地山区，相对集中在桂北、桂西地区，设有6个自治县；苗族、侗族主要居住在桂北地区；毛南族集中在广西西北部的环江毛南族自治县；回族主要居住在桂林—南宁铁路沿线；京族主要聚居在东兴市江平镇；彝族主要居住在桂西地区；水族散居在桂西北地区；仡佬族主要居住在隆林各族自治县。广西壮族自治区的12个少数民族自治县，面积共3.5万平方公里（占广西总面积的15%），人口数约为430万人（占广西总人均GDP的70%），人均GDP为1万元/人左右（为广西平均的70%），县财政收入平均为1.8亿元（不足广西平均水平的一半）。

（四）革命老区

广西是我国的重点革命老区，从新民主主义革命开始就一直是全国革命的重点地区，继承了光荣的革命传统。中国共产党很早便在广西开展革命事业，1925年在广西建立党组织，1929年邓小平、张云逸、韦拔群等领导了百色起义、龙州起义，建立了红七军、红八军，创建了全国著名的左右江革命根据地。从土地革命到全面抗战、解放战争，广西地方党组织始终坚持革命斗争，直至广西全境解放①，革命老区人民为新中国的建立做出了重大贡献。广西共有8229个革命老区村，占全区面积的55.3%。革命老区村涉及全区14个市、81%的县（市、区）和

---

① 周明甫.广西革命老区工作情况介绍（摘要）[J].中国老区建设，2003（1）：11-12.

60%的乡镇，这些老区村基本上都属于国家或自治区扶贫开发重点村。据统计，新阶段扶贫开发认定的全区 4060 个贫困村中，有 2501 个是老区村，占贫困村总数的 61.5%。

上述的大石山区、边境地区、少数民族聚居区、革命老区在区域上互为重叠，相对集中连片，同属于特殊类型的贫困地区。按照国家扶贫工作新标准，截至 2019 年 12 月，广西尚有 388 万贫困人口，绝大部分贫困人口生活在这一区域。

三、广西片区在集中连片式扶贫开发战略中的作用地位

滇桂黔集中连片特困地区由广西、云南、贵州三省片区组成，其中面积最大的是广西片区，几乎占滇桂黔片区的 50%，且人口（绝大多数为少数民族）数量远超云南、贵州两省片区，涉及广西 7 个市 35 个县区，占据广西贫困地区和人口绝大多数，并且片区内包含革命老区、少数民族聚集区、边境地区、石漠化区以及库区。总体而言，贫困人口众多、贫困程度深、生态比较脆弱、致贫因素繁多，在扶贫工作中属于最困难地域。可以看出，解决滇桂黔特困地区广西片区的贫困问题等同于基本完成广西脱贫任务，助推全国集中连片特困地区脱贫取得重大胜利。基于这一原因，广西片区不但将成为广西扶贫开发及乡村振兴重点区域，而且因其涉及多项致贫因素，其脱贫过程及后续乡村振兴建设过程可为全国集中连片特困地区的治理提供有益借鉴。所以，广西片区的扶贫攻坚及后续工作在理论研究和实践推广方面有着重要意义。

第二节　广西集中连片特困地区贫困治理的
历程、成效及经验和困境

梳理与研究广西扶贫开发战略的基本历程，有助于总结其成效及经验，为国家拓展巩固脱贫攻坚现有成果，制定新一轮扶贫治理战略奠定理论基础。

一、广西扶贫开发的历程

广西的扶贫工作与全国的扶贫工作同步进行，共经历了五个阶段。农村经济体制改革推进扶贫阶段（1979—1985 年），加大专项投入推进扶贫阶段（1986—1993 年），实施《国家八七扶贫攻坚计划》阶段（1994—2000 年），实施《中国农村扶贫开发纲要（2001—2010 年）》阶段，2011 年进入实施《中国农村扶贫开发纲要（2011—2020 年）》阶段。在第四阶段以前，广西和全国其他地方一样，扶贫工作的重点区域放在了贫困县，主要扶贫模式有：区域开发扶贫模式，基本思路是以大力发展区域经济带动贫困区域贫困人口脱贫；公共工程扶贫模式，典型方式是以工代赈，主要是通过投入实物和财政资金来吸引贫困群众参与，进而改善贫困地区的基础设施建设，促进当地经济增长并为贫困群众提供短期就业和收入；小额信贷扶贫模式，基本思路是为贫困农户提供小额贷款发展种养业；移民搬迁扶贫模式，基本思路是通过移民搬迁另找出路，缓解原居住地土地超载压力，减少扶贫成本①。

《国家八七扶贫攻坚计划》施行后，全国的贫困农村人口结构、分

---

① 曹洪民．中国农村扶贫模式研究的进展与框架［J］．西北人口，2002（4）：2-6.

布和贫困情况都发生了巨大的变化，主要表现为"大分散、小集中"特征，集中连片、大面积的区域性贫困现象明显缓解，社区范围内小集中的特点更加突显，贫困人口数量相对减少，但由于分散分布且所处环境更加恶劣，脱贫难度更大。"广西农村尚未解决温饱的人口数量从1993年的800万下降到2000年的150万，农村贫困发生率从21%下降到3.8%"，这部分贫困人口大多生活在位置偏远、交通不便、自然条件极为严酷的地区，是扶贫开发最难啃的"硬骨头"。贫困人口分布呈现新格局，再以区域、县域为单位来解决贫困问题，已难以奏效，必须对扶贫方式进行相应的调整，收缩扶持范围，扶持到村到户，提高扶贫对象的瞄准率。由于村庄具有吸引力、凝聚力、共生力的共同体属性，通过治理好村庄，可以引导、带动贫困村民共同发展。因此，进入新世纪后国务院扶贫办转变工作思路，采取了乡村治理扶贫模式，重点区域扶持到村，主要思路是以村为单位，逐村推进，分批改造。

2011年随着《中国农村扶贫开发纲要（2011—2020年）》的颁布实施，扶贫开发进入了新阶段，面临着新形势新任务，国家把集中连片特困地区作为扶贫开发的主战场，这对广西新一轮扶贫开发也赋予了新的内涵，提出了新的要求。

二、广西集中连片特困地区扶贫治理的主要模式

（一）专项扶贫模式

1."整村推进"扶贫开发

"整村推进"扶贫开发是以贫困村为基本单元，以村级扶贫规划为依据，以经济、社会、文化全面发展为目标，充分考虑当地民众发展意愿和地方传统经济发展优势及资源便利，统筹资源配置，整体综合系统性治理，整体提高扶贫效能，促使农村地区生产和生活条件逐步提高，贫困农民收入持续稳定，贫困地区经济社会发展逐步加快，基本实现了

贫困地区农村整村推进规划扶贫目标的达成，分批次实现整村脱贫发展的一种扶贫模式①。广西"十一五"时期开展了4060个贫困村的整村推进工作，"十二五"期间又开展了3000个贫困村的整村推进工作，在贫困村积极开展基础设施建设、培育增收产业，使贫困村的生产生活条件发生了巨大的变化，农民增收产业也具备一定规模；此外，群众参与提升发展能力，村基层组织建设得到加强，激发了贫困村和农户的内生动力，村容村貌等方面也有了明显变化。广西两次"整村推进"扶贫开发实践探索取得了较多经验，为农业农村现代化建设奠定了良好基础。

2. 产业化扶贫开发

产业扶贫是防止返贫和实现乡村振兴的根本基础。习近平总书记强调："扶贫产业是实现脱贫的根本之道，开展产业发展要因地制宜，逐步把培养产业发展成为脱贫攻坚的关键点和落脚点。"②

广西决战决胜脱贫攻坚产业扶贫报告中明确指出："广西深度推进特色产业赋能脱贫攻坚，因地制宜在各县开展特色产业发展，大力推进县级'5+2'模式、贫困村'3+1'模式，整体推进广西区内特色扶贫产业从无到有、从小到大、从弱到强，从劣到优，形成了'县有扶贫支柱产业，村有扶贫主导产业，户有增收致富产业'的扶贫产业格局。截至2020年4月底，全区累计发放产业奖补资金18.48亿元，受益贫困户约63万户，促使426万人实现脱贫，整体提高了贫困人口实际收入，产业脱贫人数占脱贫人口的94.67%。产业扶贫成为了脱贫致富中最主要的措施，成为了决战脱贫攻坚任务中的'顶梁柱'。"截止到

---

① 张利国. 鄱阳湖生态经济区农村贫困现状及政策思路［J］. 江西财经大学学报，2011（4）：73-79.

② 广西壮族自治区人民政府新闻办公室. 广西举行决战决胜脱贫攻坚产业扶贫工作专场新闻发布会［EB/OL］.（2022-07-15）［2023-4-28］. http：//www. scio. gov. cn/xwfb/dfxwfb/gssfbh/gx_ 13845/202207/t20220715_ 224567. html.

2019 年，广西总共有 445 万贫困人口通过产业扶贫实现脱贫，占总体贫困人口的 83.2%，县级"5+2"模式、贫困村"3+1"模式等广西独特的产业扶贫模式成为了全国产业扶贫十大机制创新典型①。

"十一五"期间，广西整合各方资金约 5.4373 亿元，通过直接补贴或者间接扶持的划拨方式投入产业扶贫开发工作中，兴建多个扶贫开发项目，产业扶贫成效显著，大大改善了贫困地区经济发展面貌。其间，广西地方政府根据贫困地区自然资源、经济基础、人力资源素质等因素，以地方特色种养殖业为主要产业发展方向，2006—2010 年，广西全区累计扶持贫困农户发展特色优势种植业约 201.8 万亩，发展家畜养殖 13.8 万头，家禽养殖 159.6 万羽。其中部分县形成规模效应，市场认可程度高，甚至作为该县标志性产业，如东兰板栗连片种植 23.4 万亩，凤山油茶种植 22 万亩，大化剑麻种植 5.73 万亩，隆林的金银花种植已达 2.33 万亩，龙胜"三木"药材种植 6.6 万亩，忻城桑树种植 1.93 万亩，田东县竹子种植 17 万亩，田阳存栏养兔近 2 万只。

广西脱贫攻坚产业扶贫报告数据显示，2019 年广西县级"5+2"特色产业的贫困户约占有发展能力脱贫户的 93%，贫困村"3+1"特色产业贫困户约占贫困村有发展能力脱贫户的 97%。广西的产业扶贫政策促进了具有当地特色的产业发展成为全国范围内新的扶贫增长点。2019 年广西蔗糖扶贫产业的产量占全国 6 成以上，桑蚕茧产量占全国的一半，木薯、双孢蘑菇、茉莉花茶、柑橘、百香果、火龙果、肉桂、松香、八角等农林产品产量均居全国第一位②。

广西产业扶贫工作，在地方贫困户脱贫和防止返贫中的作用显而易

① 广西发展特色产业助力脱贫攻坚［N］. 人民日报，2020-05-12（14）.
② 蒋尧. 广西大力发展产业扶贫　决战决胜脱贫攻坚战［EB/OL］.（2020-05-28）［2022-11-06］. https：//www. baidu. com/link？ url＝HH＿ HLec3m7Y6E0OrW1 Mb-sAcrYwg9G3jbWwqxTwbursUMYHUBnoLKTwg-MhKlC3zp＿ tK2＿ 1HqInEmh0cac VjnM0 RHgwMcipwYDwh5ZBrCJ＿ S&wd＝&eqid＝cfa83fa700088ee90000000663676c41.

见，逐步在贫困地区形成产业脱贫示范效应，推动了县域经济的发展，由此可见，产业扶贫是一条确实可行的贫困治理模式。

3. 扶贫培训开发

扶贫培训开发主要是面向扶贫工作人员和贫困居民的，这包括了贫困地区干部培训、贫困村劳动力转移就业培训和贫困村农民实用技术培训。广西"十一五"期间，各级地方政府在扶贫培训方面投入大量资金。具体包括：投入近 2000 万元培训贫困地区干部约 2.8 万人次，致力于提高贫困地区干部关于脱贫工作的领导能力、管理能力和业务能力，助推贫困地区领导干部带领贫困户实现脱贫致富；安排劳动力转移就业培训资金约 1.03 亿元，惠及贫困村劳动力转移培训（包括职业学历教育和短期技能培训）约 12.63 万人，培训合格率和就业率都超过九成，且获得用工企业良好反馈；安排农民实用技术培训资金 6000 万元左右，主要是面向贫困地区在家务农的适龄劳动力，总共约 104 万人次，确保参加培训的贫困户农民掌握 1~2 项农业实用技术，提升贫困农民脱贫的自信心和能力。通过扶贫培训开发，提升了贫困户脱贫内生动力，有助于从根本上解决贫困。

4. 易地扶贫搬迁

易地扶贫是指将生活在生存条件恶劣，就地脱贫成本过高或几率过低地区的贫困人口搬迁安置到其他地区，并通过提升安置区的生产生活条件、营造地方就业环境和拓展增收渠道等方式，帮助搬迁人口逐步脱贫致富的扶贫模式。在这些情况下，当地贫困居民生存状况存在巨大的隐患，基础设施建设困难，脱贫致富的基本条件很难具备，因此，易地扶贫搬迁是解决"一方水土养不好一方人"的根本举措，成为必然选择的脱贫模式。易地扶贫搬迁工作，核心在于搬迁和致富两个方面。首先，要落实搬迁地址各项软硬设施到位，包括确保搬迁地址"三通"（通水通电通路），兴建搬迁小区，提供给搬迁户土地或提供如"扶贫车间"等其他收入来源，提高搬迁户搬迁意愿；其次，要出台各项鼓励政策，包括搬迁、住房、就业等补贴政策，保证公共服务均等化，在制度上给搬迁户解决后顾之忧。

广西是集"老、少、边、山、库"于一体的集中连片特困地区，广西境内喀斯特地貌明显，石漠化严重，是全国脱贫攻坚的主战场之一，是我国易地扶贫搬迁的大省区之一，"十三五"搬迁任务为71万人，涉及13个市、78个县（区），搬迁任务非常艰巨。根据广西易地扶贫搬迁报告数据，广西"十三五"时期计划在2016年到2018年实现易地扶贫搬迁建档立卡贫困户71万人，广西政府在易地扶贫的两年间，总揽全局、协调各方、责任兜底，截止到2018年，全区贫困地区易地扶贫搬迁69.33万人，搬迁入住率99%，其中有效安置建档立卡贫困户68万人，占全区规模的94%，达成了722个易地扶贫搬迁集中安置点建设的目标。2019年，广西易地扶贫搬迁进入攻坚阶段，表现为易地扶贫搬迁后续机制建立，比如产业发展、创新就业、社会保障和后续安置点持续帮扶等①。广西的易地扶贫搬迁成为了当地特色扶贫模式的典型代表，广西政府在易地扶贫搬迁工作中统筹资源利用、协同多方力量共同参与，形成了易地扶贫的新治理格局。

5. 其他类型扶贫

一种是兴边富民扶贫模式，以边境地区的贫困边民为扶贫对象，侧重于利用地域优势，加大边境贸易及跨国边贸合作方式，实现边境贫困地区经济发展和贫困边民脱贫致富的目的；另一种是老区建设模式，对属于革命老区的贫困地区进行扶贫开发，主要是通过整合各方扶贫资源，对贫困革命老区最为薄弱的基础设施进行大规模建设，因时制宜开

---

① 周映，林庆.广西易地扶贫搬迁入住率99.04%［N］.广西日报，2019-02-11
(01).

展特色产业扶贫，全方位解决革命老区贫困问题。

（二）行业扶贫模式

1. 基础设施扶贫

近十年，广西区政府主导，各部门及地方政府通过开展基础设施建设大会战方式进行基础设施扶贫，通过整合近百亿资金，主要针对石漠化片区，少数民族聚集区及边境地区等集中连片特困地区进行基础设施建设。建设内容包括：第一，解决行路难问题，建设能解决基本出行问题的屯级路，以砂石路为主要形式，之后按照资金整合情况，实现屯级路全面道路硬化，极大改善了片区出行不便的状况；第二，推进农村饮水工程建设，兴建各类水利设施，解决饮水问题；第三，实行危旧房改造，即对符合政策条件的农村危旧房推倒新建提供建设补贴，规范建设用地和规模，改善贫困地区住房状况；第四，实行农村电网改造，具体包括对符合通电条件的村屯搭建通电设施，以及对老旧农村线路进行改造，实现正常通电；第五，开展文化科教（教育、文化、卫生、广播）基础项目建设，让贫困地区享受正常文化科教服务。广西近些年来开展的东巴凤大会战、大石山区大会战等系列基础设施建设大会战极大地改善了集中连片贫困地区的生活和生产发展环境，对推动地方经济发展，解决贫困，奠定了良好的基础条件。

2. 教育扶贫

第一，科学设置贫困地区的学前教育办学点，提供相应办学补贴，确保学前教育全面覆盖；第二，在义务教育阶段，推行集中办学，整合多方资源提升办学软硬件水平，同时落实国家对贫困地区的营养改善计划和提高寄宿学生生活补助，让贫困地区的贫困家庭子弟能正常享受国家义务教育的权利；第三，落实国家对贫困家庭高中生的补助标准，对选择就读中等职业教育学校的贫困户进行生活、交通方面的补贴（广西壮族自治区内中专皆免缴学费）；第四，开展和推进高等教育对口支援，定向招收贫困家庭学生，落实"雨露计划"等贫困大学生资助计划，保证贫困家庭学生不会因贫失去读大学的机会；第五，持续开展农村劳动力转移和实用技术培训，提升农村自我脱贫能力。

3. 社会扶贫模式

社会扶贫模式是指整合、协调社会力量参与扶贫。具体包括：一是定点扶贫。定点扶贫是我国各贫困地区最常见、最主要的社会扶贫方式，通过制定国家党政机关、企事业单位定点帮扶制度，明确定点帮扶单位多渠道筹集扶贫资金、物资、技术力量等扶贫资源作为扶贫投入，由帮扶单位选派具备扶贫能力的中青年骨干干部到扶贫一线与当地政府一同开展扶贫工作。二是粤桂对口帮扶扶贫。即广东对口帮扶广西，通过建立政府高层会晤协商机制，部门、地方对接机制等，广东对广西开展资金、教育、医疗、产业等扶贫帮扶项目，推动广西整体贫困治理。三是民营企业参与扶贫。采取政府采购、项目投资、村企共建等方式，照顾民营企业盈利的诉求，调动民营企业参与扶贫，扩大扶贫主体范围，增强扶贫力量。四是社会组织参与扶贫。主要是通过公关效应，以有助于树立社会组织美誉度和知名度为激励因素，调动社会组织或个人参与扶贫工作，同时做好国内外慈善机构扶贫的服务工作，集合社会力量参与贫困治理。

三、当前广西集中连片特困地区扶贫治理的成效及经验

（一）主要成效[①]

为加快全区脱贫攻坚步伐，自治区多管齐下，多措并举，稳步实施"八个一批"、扎实推进"十大行动"，全力以赴抓好脱贫攻坚工作，确保脱贫成效。2012—2017 年，根据广西财政统计，广西区级到县级共

---

① 资料于 2018 年 8 月在广西扶贫办调研材料时整理所得。

投入专项扶贫资金327亿元，其中中央财政支持资金163亿元，自治区财政资金81亿元，市县级财政资金83亿元，从自治区级到县级每年的财政专项扶贫资金投入呈10%~20%的比例增长，并且政府部门和行业资金主要倾向于脱贫攻坚中农资项目资金①。人力、物力、财力资源不断投入，全区脱贫攻坚工作不断取得新突破。

1. 贫困人口总量大幅度减少

据统计，2012—2017年，广西贫困人口从950万减少至247万，建档立卡贫困人口减少了约704万，平均每年减少约140万，贫困人数大规模减少，同时在比例方面，贫困发生率由2012年的17.5%降低至2017年的5.7%，降幅明显。全区实现1999个贫困村全部出列和10个区定贫困县全部摘帽，2017年，龙州县达到贫困县摘帽标准并通过了自治区验收，成为脱贫攻坚阶段广西第一个脱贫摘帽的国定贫困县。近年来，广西不仅减贫速度快，减贫规模空前，而且减贫效果也排在全国前列。

2. 贫困地区农民收入稳步提高

据国家统计局广西调查总队监测调查结果显示，2017年广西贫困地区农村居民人均可支配收入为9717元，比2012年增加4217元，增长76.6%，年均增长12%。贫困地区农村人均可支配收入与广西全区农村居民人均可支配收入比值从2013年的0.8∶1提高至2017年的0.86∶1。

3. 基础设施条件明显改善

近年来，全区把夯实基础设施建设作为全区脱贫攻坚的基础性工作，不断加大基础设施建设投入力度，全区建制村通畅率达99.8%。

---

① 自治区扶贫办. 五年来，广西年均减贫120多万人 [N]. 广西日报，2017-10-16 (24).

2017 年，政府债券又投入 44.5 亿元，用于 20 户以上自然村屯级路建设，建设村屯道路 8442.8 公里，于 2018 年年底实现全区 20 户以上自然村（屯）全部通路；水利设施攻坚成效明显，全区兴建水利设施可为将近 430 万的贫困人口提供正常生活及生产用水；住房保障成效显著，建档立卡贫困户进行危旧房改造可以获得 2.65 万元补助，住房问题基本解决；广播、电视村村通工程让广西的 5000 个贫困村正常接通电视、广播信号。

4. 以产业扶贫实现地方经济可持续发展

经过多年扶贫经验的积累和总结，广西各级政府在从根本上解决贫困问题上达成共识，即通过产业扶贫实现地方经济可持续发展。目前，全区有扶贫任务的县（市、区），"5+2"特色产业已覆盖超过 110 万户贫困户，平均覆盖率达 77% 以上。2018 年 54 个贫困县新增发展种植业 77.1 万亩，低产改造 9.6 万亩，家禽养殖 725.06 万羽，家畜养殖 29 万只（头），水产养殖 198.7 万公斤，产业规模进一步扩大。贫困县、贫困村特色种植业、养殖业规模不断扩大，农产品加工业附加值不断提高，乡村旅游游客接待量和旅游消费稳步增长，电子商务进农村工作加快推进。全区初步构建起"县有扶贫支柱产业、村有扶贫主导产业、户有增收致富项目"的产业扶贫大格局。

5. 贫困村村集体经济加快发展

自治区专门成立发展壮大村集体经济工作领导小组，出台《关于加快贫困村村级集体经济发展指导意见》等文件，对贫困县、贫困村实施的集体经济发展项目在财政、税收、融资、用地、用电等方面予以政策扶持，不断促进村集体经济发展壮大。截至 2017 年年底，全区村集体经济收入达到 2 万以上的贫困村共 3168 个，占贫困村总数的 63.4%；2017 年已脱贫的贫困村集体经济收入均达到 2 万元以上。

6. 易地扶贫搬迁稳步推进

2017 年以来，广西先后出台了《关于加强贫困地区整屯（自然村）搬迁工作的意见》《关于加强易地扶贫搬迁后续产业发展和就业创业工作的指导意见》等系列政策文件，不断完善全区易地扶贫搬迁政策体系。"据不完全统计，广西全区累计开工建设搬迁安置点项目 700 多个，目前，各项未完成的搬迁安置点项目正在加快推进。截止到 2017 年年底，广西 2016 年、2017 年易地扶贫搬迁项目计划搬迁建档立卡贫困人口 62 万人，累计搬迁入住 35.97 万人，搬迁入住率达 58.02%"①，2016 年、2017 年搬迁建档立卡贫困人口入住率达到 100%。

7. 贫困人口转移就业人数显著上升

近年来，广西政府在特困连片地区大力实施职业技术和就业培训、技校结对帮扶、安排公益性岗位、创办扶贫车间等措施大力推进就业转移。据统计，全区在 2012 年至 2016 年间实现新增转移就业贫困人口 339.7 万人。2017 年后，广西在全区范围内开展实地走访返乡人员调查，动员返乡人员当地创业就业，留住就业人口 6.57 万人、留乡创业 5.85 万人，总体促进 2.44 万贫困人口实现转移就业②。此外，基于贫困地区的可持续发展，贫困片区扶贫工作人员通过开展返乡人员劝导工作，宣传当地就业创业的优惠政策，总共实现有意向留乡创业就业人数将近 13 万人。

8. 教育扶贫作用凸显

全区不断建立和完善教育精准帮扶机制，干部结对帮扶贫困户学生，确保因学致贫得到精准帮扶。实施教育帮扶八大计划，安排专项资金，新建、改建或扩建贫困地区薄弱幼儿园及中小学校；按照升学方向

---

① 范立强，蒙增师."搬"进幸福生活［J］.当代广西，2018（5）：26-27.
② 余璐，贺迎春.广西统一战线扶贫见成效［N］.人民日报，2018-12-11（13）.

采取不同阶段的补贴政策，包括学前入园补助金、义务教育"两免一补"政策，以及普通高中、中职教育、高等教育阶段的助学金补贴政策，确保完全覆盖教育各个阶段，实现帮扶到位，紧密衔接各项补贴的贫困生入学资助体系，确保不出现因贫辍学；严格落实控辍保学工作责任机制，建立控辍保学"双线四包"工作机制和"三级联动"防护网络，切实提高义务教育巩固水平。

9. 因病致贫返贫得到有效缓解

广西立足地方贫困状况，针对性的提高医疗保障水平，加强涉及健康的扶贫项目的设立和推进。近年来，全区逐步取消住院基金起付标准，提高住院报销比例，落实贫困人口待遇就高不就低政策，落实贫困人口大病保险起付线降低50%，报销比例提高10个百分点和二次报销制度。此外，2017年以来，全面实行全区范围内的签约医生服务，重点确保及时服务贫困人口，整合医疗救助资金约3.8万，救助困难群众将近200万人次，为因病致贫、因病返贫人群提供了有效帮助。

（二）基本经验

1. 建立和强化扶贫开发组织管理体系是脱贫攻坚取得成效的基本前提

紧跟中央扶贫精神，制定相关扶贫权责制度，广西各级政府把农村贫困治理作为政府头等事项，明确脱贫攻坚工作事关改革、发展、稳定大局，把扶贫工作摆到政治的高度来看待，各地方政府安排主要领导负责扶贫开发工作，广泛调研，汲取扶贫成功经验，做到了全面落实各级措施，解决扶贫过程中的重点、难点问题。同时，对接扶贫工作的各项部门尽心尽责，科学规范扶贫工作的各项进程，做到明确责任，密切配合，协同打好扶贫开发总体战。建立健全扶贫开发管理体系，为脱贫攻坚提供了有力的组织领导保证。

2. 开展基础设施建设大会战是解决连片特困区域突出问题的有效

形式

为了从根本上解决集中连片特困地区的程度贫困，广西各级政府自2008年8月至2010年4月先后开展了边境建设大会战、东巴凤基础设施大会战、大石山区五县基础设施大会战、桂西五县基础设施大会战、兴边富民行动基础设施大会战、大石山区人畜饮水工程大会战，整合各方面资金投入115.45亿元。通过实施大会战、连片开发、精准帮扶等措施，集中连片特困地区贫困状况得到大幅度解决，地方经济状况飞速发展。

3. 进一步推进产业化扶贫措施是保证从根本上解决特困地区贫困问题的关键

广西各地方政府做好符合地方状况的优势产业推广，将项目品种、发展规模、年度计划落实到贫困村、贫困户。制定各项扶持政策和优化发展环境帮助贫困户实现产业化经营，同时就地方特色、优势产业，实行示范基地建设或者树立脱贫能人榜样带头作用，以点带面；做好扶贫产业主体对接市场工作，"通过'龙头企业+基地+农户''经纪人+基地+农户'等市场对接形式"①，让扶贫产品能顺利形成经济收益，确保贫困农户能在产业化经营中实现脱贫致富的目标。

4. 提高劳动者综合素质是促进特困区域可持续发展的主要途径

近年来，广西特困片区切实加强基础教育，努力提高贫困人口教育文化技能水平。实行农科教结合，统筹基础教育、职业教育、成人教育，培养各种类型农村人才。围绕当地主导产业、特色种养产业的开发，加强对农民进行种养实用技术、经营管理的培训。建立科技扶贫示范基地，大力实施科技扶贫，通过各地方政府实施不同类型、层次的脱贫致富技能培训，保证贫困农户具备符合当地经济发展所需的各项

---

① 李鹏. 参与式扶贫的广西经验［N］. 中国经济时报, 2008-01-16 (28).

技术；同时大力推行参与式扶贫，群众自我管理、自我监督、自我发展的能力显著提高。

5. 加强扶贫资金管理是特困区域脱贫攻坚取得成效的有力保障

为了管好用好各类资金、努力提高资金使用效率，广西各级政府制定相关衔接制度，实现对扶贫资金的规范管理。一是在政府原则性的制度方向下，制定科学、完善、严格、可操作的扶贫资金管理制度，及时出台各项细则，确保扶贫资金在使用、监管制度方面无死角；二是提升资金审计和资金督查工作质量，及时掌握扶贫资金的使用管理情况，发现问题，限期整改；三是对于违反规定使用扶贫资金的坚决依法依规严肃查处。通过这些措施，资金项目管理逐步走上规范化、制度化、科学化的轨道，确保资金专款专用，使用效益不断提高。

四、广西集中连片特殊困难地区扶贫治理的困境

（一）特困区域农民收入增长较快，但收入差距不断扩大

由于特困区域农民收入基数低，尽管有较快增长，但与全区、全国的收入水平相比还有较大差距，并且差距还在逐年扩大。目前贫困人口稳定增收的产业不多、社会保障体系弱，导致抗风险、抗灾害的能力也很差，返贫现象非常普遍。

（二）基础设施和生态环境有了一定改善，但制约发展的瓶颈因素未根本消除

广西特困片区经济社会发展总体水平仍不高，解决特困区域发展的基础设施、社会服务所需要的投入非常有限，边远地区的出行、饮水、就学就医、住房问题依然困扰着群众生活，制约贫困地区和贫困人口发展的深层次矛盾依然存在。

（三）脱贫攻坚难度更大，任务更重

特困地区由于经济基础极差，自然资源不佳，且交通极度不便利，

生存及发展条件远远低于平均水平，多年来的扶贫经验证明，在此状况下，按照常规的扶贫手段难以彻底实现脱贫致富和防止返贫。这说明这一区域的脱贫攻坚任务仍然很重，这就要求我们要更新观念，改进工作方式，加大工作力度，以更加有力的措施应对挑战。

第三章

治理视域下集中连片特困地区扶贫
开发的实践探索

贫困治理模式，是政府利用公共管理职能，开展贫困治理理念、治理机制及具体的治理方式等一系列内容的总称，是政府制度创新的重要内容，要根据形势动态发展不断进行调整。"贫困治理模式创新实质上就是伴随着政治、社会、经济、文化的发展——尤其是政府、社会、市场力量的变化，不断地优化政府治理的理念和运行路径"①。

本章中运用案例实证研究法及多案例嵌入法的研究工具，重点对广西河池市"整乡推进"中的整体性治理模式和广西"整村推进"中的项目制治理模式的实践逻辑及其动员运行机制进行描述与分析，对广西集中连片特困地区扶贫开发的实践探索进行总结反思。

第一节　整体性治理模式的运行机制
——河池市"整乡推进"大安示范区扶贫开发的分析

本节通过对跨部门整体性治理模式的理论与实践进行梳理，立足广

---

① 杨志军. 当代中国政府"运动式"治理模式的解释与反思 [J]. 当代中国政治研究报告，2012（0）：225-244.

西河池市"整乡推进"大安示范区扶贫开发模式实际运作情况，基于整体性协同治理模式，探析如何进行组织化动员，整合资源，从而高效提供农村公共产品，进而探讨集中连片特困地区扶贫治理模式创新机制。

一、"整乡推进"模式的由来

整乡推进，即整体推进、综合开发，扫除贫困"死角"，促进贫困乡村整体脱贫，推动贫困地区与全区、全国同步实现小康的开发扶贫模式。这是作为欠发达地区基层政府治理的一个探索，是"整村推进"扶贫开发模式实施的一个"本土化"创新模式。

加强集中连片特殊困难地区的扶贫开发治理是我国重大政治安排，决定了构建和谐社会的成败。河池市是广西扶贫开发治理的重点地区，也是全国脱贫攻坚的重要战场，其下辖的 2 区 9 县中有 7 个县是国家实施扶贫开发工作的重点县。上个十年的扶贫攻坚战中，河池市认真贯彻落实《中国农村扶贫开发纲要（2001—2010 年）》，河池广大农村贫困面貌发生了巨大变化，扶贫开发工作取得了明显成效。但长期以来，由于河池贫困人口多、贫困程度深、返贫率高、扶贫难度大，全市 11 个县（市、区）仍然有 7 个被列为国家扶贫开发工作重点县，有 2 个县被列为区定贫困县。截至 2012 年年底，按照农民人均纯收入 2300 元的扶贫标准，全市农村贫困人口达 120.0627 万人，占全市农村人口的 33.6%，返贫人口新增 14.464 万人，贫困率和返贫率较高，新阶段扶贫开发工作任重道远。

"十二五"期间，广西壮族自治区党委、政府在全区大量的贫困村中把贫困程度最深、贫困面最广的 436 个贫困村纳入了"十二五"整村推进规划进行重点推进，极大提升了这些区域在交通、水利、农业、电力、广播、教育、卫生等方面的公共服务水平，降低了农村贫困率，带动了当地经济社会的整体发展，提高了农民人均纯收入。2012 年自治区党委还明确提出，"河池是全区扶贫攻坚的重点和主战场"，"希望河池市能够有更多的思路，更多的措施，能够先走一步"的要求。从 2012 年起，河池市政府各部门总结历年扶贫得失经验，在多方科学论证后提出，转变扶贫理念精准把握"扶贫开发"，从而提高全党全社会的共同责任，"变传统主要依靠外力扶助脱贫攻坚为主要依靠内力发展治贫，消除'等、靠、要'思想，突出扶贫工作的内生性、自觉性和系统性"①。另外，由于原有"整村推进"扶贫模式规模小，出现了整合资金过少、产业影响范围过小、起不到规模效应、扶贫整体效果没达到预期效果等发展困境，因此提出要在更大区域内推行整体开发扶贫。在此背景下，河池市为创立"整乡推进"模式，于 2012 年 4 月共投资约 3.6 亿元大力建设环江毛南族自治县大安示范区，开创了广西贫困治理新途径。

二、大安乡作为"整乡推进"扶贫开发一个示范点的可行性分析②

大安示范区位于河池市环江毛南族自治县大安乡境内，环江毛南族自治县属典型的国家级贫困县，大安乡府所在地距县城 13 公里。全乡辖 1 个社区（大安社区）6 个行政村，其中贫困村有 5 个，含 196 个村民小组。总农户 6763 户 21151 人，其中移民 3217 户 12350 人。境内居住有毛南、壮、汉、苗、瑶等多个民族，其中毛南族聚居村 4 个。全乡土地总面积 212.3 平方公里，耕地面积 4.4 万亩，其中水田 1.5 万亩，旱地 2.9 万亩，境内基本上是半丘陵半石山区。大安乡自然、社会、人文、地理环境资源缺乏，是全区典型的贫困山乡之一。

---

① 龙照勇，曾振国，杨殿旋，等. 开发扶贫拔穷根　整乡推进结硕果——河池市创新扶贫模式的成功实践 [J]. 广西经济，2015（10）：42-43.
② 资料根据 2015 年 7 月在河池市扶贫办、环江县的调研材料整理。

（一）大安乡贫困情况与全市其他地方的贫困情况具有相似性，贫困人口多，贫困面广，是推进全市开发扶贫的缩影

大安乡7个行政村中有5个是贫困村；贫困户2261户，贫困人口9787人，贫困发生率为46%；2011年全乡农民人均纯收入2990元，比全县农民人均纯收入4342元少1364元。

（二）大安乡基础设施建设严重滞后

有2个村委会未通四级路，5个自然屯尚未通路，5个行政村无计生室，4所寄宿制学校未建立食堂，4所学校未配备学生宿舍，2个自然屯尚未用电，46个自然屯未通广播电视，农村有线电视覆盖率仅为34.2%，7961人未解决饮水困难和饮水安全，占全乡农村总人口的37.6%，有990户危房户，占总农户的14.6%。

（三）扶贫开发的任务重，压力大

进入信息化时代的今天，大安乡仍有2个自然屯尚未用电，说明大安、河池发展的严重滞后性，也说明大安和河池开发扶贫任务的艰巨性。

（四）产业发展艰难，不成规模

大安发展滞后、农民贫困的缘由就是产业发展艰难，不成规模，无法发挥产业发展带动作用。同时，大安在"八七"扶贫攻坚期间，接收了县内外贫困移民1.2万人，在一定程度上给该乡计生、治安、文教、卫生、农村低保、贫困户、五保户、残疾户等方面的后续管理工作带来新的压力，一些亟待解决的问题和困难日渐凸显，贫困村和移民场成为该乡新阶段开发扶贫攻坚的主战场。

为此，根据《广西壮族自治区农村扶贫开发"十二五"规划》所提出的"贫困村相对集中的地方，可实行整乡推进、连片开发"的战略部署，2012年3月，河池市委、市政府果断提出创办开发扶贫"整乡推进"大安示范区，走开发扶贫新途径。

据统计,"在2012年3月至2015年8月三年的时间里,大安乡2.1万多人口农民人均纯收入从2011年的2978元增长到2014年的4812元,2015年超过5500元;大安乡建档立卡贫困户也大幅度减少,2011年一共为9116户,而到2014年减少至2687户,2015年则进一步减少,平均每年贫困人口锐减速度递增到4倍以上。大安乡在保持巩固桑蚕、糖蔗产业的发展前提下,不断开发核桃、红心蜜柚等新产业,经过三年的大力发展,从零开始到现在的1.86万亩核桃种植面积和1.7万亩红心蜜柚种植面积,形成了红心蜜柚、核桃、糖蔗、桑蚕四类新产业发展格局,促使当地的农民人均产业面积增至3亩以上,初步形成了产业脱贫致富的基础保障。同时,当地的安全用水、电网改造、棚户区改造、农业基础设施建设也进一步得到完善"①。

"大安乡示范区显著优异的成果,充分论证了'整乡推进'的可行性和科学性,整乡推进作为集中连片特困地区脱贫攻坚的有效手段,能够大力推广复制在具有类似情况的贫困地区。大安乡的示范辐射效益逐步凸显,2014年河池确定当地县城(市、区)开展至少1个乡镇整村推进的示范点,坚持'产业完善、基础增效、新风换貌、增强技能、民生保障、生态绿色、组织健全'七大方面的试点方向。自从河池确立'整乡推进'建设基调以来,工作从点到面、由面到体递进铺开,设立了11个整乡推进试点乡镇,其中涉及109个行政村和社区,包括2039个屯,共惠及约24万人,其中包括8万贫困人口。'整乡推进'项目共投入约28亿元,包括4248个子项目。截止到目前,全市合计投入资金约17亿元,有效开展2830个扶贫子项目,共计有1994个项目

---

① 龙照勇,曾振国,杨殿旋,等. 开发扶贫拔穷根 整乡推进结硕果——河池市创新扶贫模式的成功实践[J]. 广西经济,2015(10):42-43.

竣工"①。

　　大安"整乡推进"开发扶贫示范区的探索，是集中连片特困地区整合专项扶贫资金、行业扶贫资金、社会扶贫资金，集中时间、集中力量，实施产业开发、基础设施建设和贫困地区群众易地安置统筹推进，打赢贫困歼灭战的最佳方法。走出了一条符合自身实际、具有鲜明特色的"河池开发扶贫模式"，为全市乃至全区、全国实施"整乡推进"开发扶贫提供示范样板点和经验典范，使开发扶贫"整乡推进"示范区在推进全市社会主义新农村建设中发挥示范引领作用，为新时期扶贫开发工作提供了新视野、新思路和新模式。

　　"河池首开广西先河先行先试的'整乡推进'扶贫治理模式，得到自治区和国务院扶贫办充分肯定，成为广西扶贫工作的亮点，《瞭望周刊》《人民日报》《经济日报》《广西日报》以及各大网站等纷纷介绍了其主要做法和成果，并作为扶贫形式创新典型推介"②。

三、构建严密有力的政府权威组织主导的整体政府跨部门协同组织化动员领导体系——"整乡推进"的重要引擎

　　（一）整体政府跨部门协同治理为公共事务治理创新提供了强大的整合机制

　　整体政府是指政府通过横向上"跨界"和纵向上"跨层级"对相关部门进行统一思想、协调合作与行动来实现预期政策计划目标的治理模式。③蔡立辉、龚鸣（2010）认为，整体政府实质上是指通过政府内

---

① 龙照勇，曾振国，杨殿旋，等. 开发扶贫拔穷根　整乡推进结硕果——河池市创新扶贫模式的成功实践 [J]. 广西经济，2015（10）：42-43..
② 龙照勇，曾振国，杨殿旋，等. 开发扶贫拔穷根　整乡推进结硕果——河池市创新扶贫模式的成功实践 [J]. 广西经济，2015（10）：42-43.
③ 高建华. 论整体性治理的合作协调机制构建 [J]. 人民论坛，2010（26）：302-303.

各个权责分明的职能部门和各类行政资源的整合、公共部门与非公组织资源的整合以及各类非公组织资源的整合，实现公共管理主体整体利益的过程。在当今多元主体并存的社会构成下，公共管理整体利益的形成，必须改变过度强调管理界限、各司其政的各地政府及部门，也不能期望成立管理权限覆盖所有公共领域的特别部门；同时，也不能依赖政府单独完成，或者完全由市场或非公组织以市场规律来实现。以公共管理目标（利益）为导向是发挥整体政府职能最为理性的方式，各级、各地方政府和部门在权责分明的前提下，进行跨层级、区域及部门协作，以及政府与企业、非营利机构之间的协作①。

整体政府强调的是整体性治理，且是以协调为核心要素重点突出整体性，所以在某种意义上整体性政府相当于协同政府。"协同政府"主要是处理政府、社会、政府内部组织之间的关系，政府内部组织的协同主要分为四部分。第一，决策统一。政府设立直属中央办公室或者内阁办公室，统筹总揽政府决策。第二，目标整合。政府起草公共服务协议、战略计划、组织发展目标。第三，组织建构。政府制定组织框架，起草组织纲领，设立保证人和非执行董事。第四，文化培育。建立起心理上的共情和跨域经验交流渠道。② 整体性政府推行协同治理与资源动员主要以组织调整、部门职能划分、跨部门业务流程再造和提高部门间跨界合作关系为基础保障。③ 克里斯托夫·波里（christoppher Pollit）认为：消除相互推诿、破坏的行政氛围，更好地对稀缺资源进行共同合

---

① 蔡立辉，龚鸣. 整体政府：分割模式的一场管理革命 [J]. 学术研究，2010（5）：33-42，159.

② 顾昱，陈松. 基于电子政务的政府治理模式创新——协同治理机制分析 [C] //中国行政管理学会. 中国行政管理学会 2010 年会暨"政府管理创新"研讨会论文集. 北京：中国行政管理学会，2010：1209-1224.

③ 解亚红. "协同政府"：新公共管理改革的新阶段 [J]. 中国行政管理，2004（5）：58-61.

理调配或使用，从而实现满足某一政策领域中不同利益主体的利益诉求，确保公民拥有全面、及时的服务。① 汤姆·林（Tom Ling）的整体政府组织模式（如图 3-1 所示）包括"内、外、上、下"四个"联合"子集结构：一是"内"，主要利用整体政府理念与组织文化、价值观念、行为方式、信息共享模式、人员素质构成相结合，从而实现组织内部合作，并形成具有合作性的新型组织结构。二是"外"，各组织基于协议或者心理契约等方式进行协商，达成分享领导权、共同预算、融合性结构、联合团队等各个组织之间的协同互动，最终实现跨组织和公共目标的新的组织工作方式。三是"上"，实现组织目标以明确权责为首要原则，通过组织承担具体化、分解化的工作目标的达成标准为导向，采取目标分享、绩效评估、公共服务协议是各方合作的基础，该协议包括明细权责结构和激励机制。四是"下"，公共服务供给的过程中需要明确顾客为导向，构建顾客对接渠道、实现顾客共同参与、共享顾客需求来实现协同关联，完善公共服务供给的新途径。"内、外、上、下"的连接结构是一种新的组织架构和工作方式，同时也是一种新的责任和激励机制和公共服务供给的新路径，在公共管理领域的运用构成了一种介于传统科层制和市场化机制的全新的管理模式——整体政府②。

此外，整体政府的跨域治理有利于克服地方政府"搭便车"和"拒绝合作"等问题，从而促进政府间公共资源整合、提供公共服务有效供给③。一方面，整体性治理倡导"整体"合作价值观和协同环境的

---

① POLLIT C. Joined-up Government：a Survey ［J］. Political Studies Review, 2003（1）：135.

② 蔡立辉，龚鸣. 整体政府：分割模式的一场管理革命 ［J］. 学术研究, 2010（5）：33-42，159.

③ 温顺生. 整体政府视角下的欠发达地区公共服务供给机制创新——以广西东巴大会战的组织化动员运行为例 ［C］//中国行政管理学会. 中国行政管理学会 2011 年年会暨"加强行政管理研究，推动政府体制改革"研讨会论文集. 北京：中国行政管理学会, 2011：18.

新的责任与激励机制连接着：
共享结果导向的目标、共同的
技能方法、规则

新的组织类型连接着：
文化、价值、信息、培训

最佳实践的
整体型政府

新的组织工作方式连接着：
共享领导关系、共同预算、
融合性结构、联合团队

新的公共服务借给方式连接着：
联合磋商、顾客参与、共享顾客关注点

图 3-1　最佳实践的整体型政府组织模式图

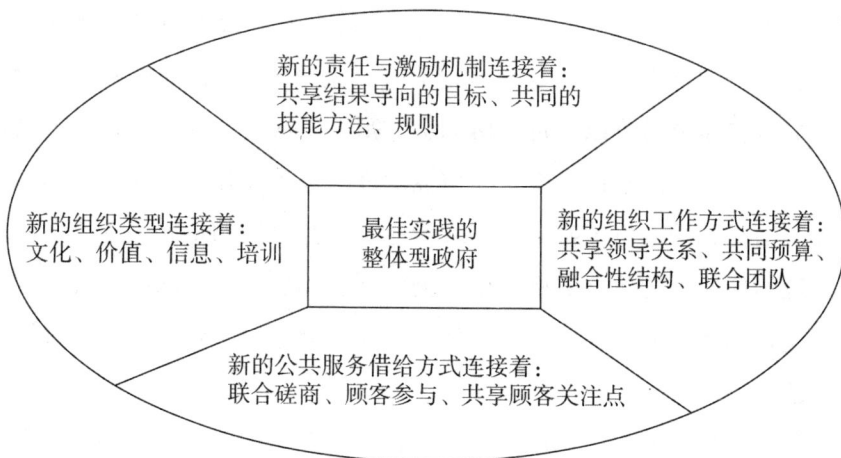

构建，以整体价值为根本的公共利益导向，强调公共治理高效能和公共利益完整，从而促使义务责任和效率共享双方的高度统一，破除公共治理过程的孤岛化、碎片化的整体性治理困境①。另一方面，整体性治理注重重构部门间以及地方间治理过程中的共同利益。明确政府之间的合作必须以信任作为基础，信任是各项社会活动开展的重要前提之一，各个组织之间的协同管理，具备相互信任的认可态度，有助于消除协同者之间的疑虑，避免不必要的争端和冲突，促成协同治理的和谐、有效实现。在一个共同体中，信任水平与合作可能性呈正相关关系，合作的可能性随着信任水平的提高而提高②。没有信任的合作，协同治理将无法实现。在区域公共事务治理的政府合作中，只有构建合作—信任关系才能发挥协同治理的作用。原因在于，各地地方政府在区域公共管理合作

---

① 王佃利，吕俊平. 整体性政府与大部门体制：行政改革的理念辨析 [J]. 中国行政管理，2010（1）：105-109.

② 欧黎明，朱秦. 社会协同治理：信任关系与平台建设 [J]. 中国行政管理，2009（5）：118-121.

中，某些地方政府采取了合作行为，而某些地方政府基于"搭便车"心理，采取不合作或隐性不合作行为，打击合作的地方政府的积极性，最终导致整体利益难以实现，协同合作则无从谈起。因此，各地方政府及各级部门之间的互信关系是整体性治理的基础保障。信任是作为共同合作的前提和核心价值基础，是政治经济社会发展的重要因素之一。协同治理信任关系的建立关键在于各类协同主体利益之间的同一性，只有在利益目标统一的前提下，多元治理主体才愿意深入合作并建立深层次的信任关系①。

　　各地方政府及各级部门是否愿意合作，考虑的核心内容是在合作过程中各主体是否能获取所需的利益以及利益的多寡。构建整体政府跨部门协同治理能够超越利益纠葛，建立各政府部门之间平等、协助的主体关系，建立地方政府间利益分享机制和一定条件下的利益补偿机制，以达到整体性合作的目标②。

　　当前政府部门因职能分工以及利益分割等原因，不同层级之间、同一层级不同部门之间普遍存在着机构重叠、条块分割、各自为政等碎片化问题，这将会导致公共政策执行中产生执行机构分散化、执行力严重不足、监管失灵等问题，不能适应"整乡推进"行动通过组织化动员进行有效整合集中力量办大事的需求，如何从体制机制上克服管理碎片化所带来的部门分割、机构重叠、公共服务供给碎片化严重等问题，切实提升政府部门的整体协调治理能力，是"整乡推进"行动有力有效推进的关键，"整体治理着眼于政府部门间、政府间的整体性运作，强

① 欧黎明，朱秦．社会协同治理：信任关系与平台建设［J］．中国行政管理，2009（5）：118-121.
② 温顺生．整体政府视角下的欠发达地区公共服务供给机制创新——以广西东巴大会战的组织化动员运行为例［C］//中国行政管理学会．中国行政管理学会2011年年会暨"加强行政管理研究，推动政府体制改革"研讨会论文集．北京：中国行政管理学会，2011：18.

调公共管理与服务机构为了完成共同目标而展开跨部门协作，主张政府管理'从分散到集中、从部分到整体、从破碎到整合的有机转变'"①，整体性政府因其优越的特性，成为"整乡推进"行动的不二选择，整体政府跨部门协同治理为公共事务治理创新提供了强大的整合机制。

（二）构建整体政府跨部门协同组织化动员领导体系

传统官僚制的运行核心内容是权力高度集中和统一，其协调机制具有两种特点：一是主要依靠行政权威中的强制性；二是以纵向的信息传递方式为主。因此，在传统官僚制下，横向部门间出现矛盾与冲突事项时，常通过同一直接管辖的上级进行协调与沟通，或在上级主导下，平行部门或者单位达成共识或者协商解决方案②。因此，以权责分明为基础，各司其政和权级森严的层级节制为特征的传统官僚制，在长期运作中将导致各地方政府、各级部门纵向与横向关系间出现不同程度的条块分割，使政府部门各自为政，形成"碎片化"的职能管理模式。随着网络技术快速发展，信息传递较传统更加便捷和迅速，传统官僚制管理模式的缺陷所产生的负面影响不断被放大，一方面，不利于政府整体公共管理目标的高效实现，浪费公共资源；另一方面，随着构建服务型政府的要求不断被提高，政府公共服务供给能力不足将降低民众的满意度，不利于政府公信力的提升。在此背景下，广西河池市在实践中不断探索如何解决分割与"碎片化"问题，最终结合目前的整体性治理理论构建出"整乡推进"这一新型扶贫治理模式。"整乡推进"治理模式具有自身独特的运作机制，重点突出了整体性政府跨部门协同治理的优

---

① 北京大学课题组．平台驱动的数字政府：能力、转型与现代化 [J]．电子政务，2020 (7)：2-30；孙迎春．现代政府治理新趋势：整体政府跨界协同治理 [J]．中国发展观察，2014 (9)：36-39.

② 周志忍，蒋敏娟．中国政府跨部门协同机制探析——一个叙事与诊断框架 [J]．公共行政评论，2013, 6 (1)：91-117, 170.

势。但开展"整乡推进"模式的工作难度较大，不仅点多线长，涉及面广，而且规模投资大，牵涉众多公共政策。①

因此，河池市党委政府及环江县党委政府，必须切实加强对"整乡推进"扶贫开发的组织领导，强化组织化动员功能，构建一整套严密有力的、以政府官僚权威组织主导的整体政府跨部门协同组织化动员领导体系来开展"整乡推进"扶贫开发工作。实施"整乡推进"工作涉及千万条线，应由党委统一领导，政府执行与实施上级意志并落实权责机制。组织领导是推进大会战动员工作的关键，而"整乡推进"工作得到各级党委的重视是促进大会战动员工作的保障。在我国历年政府活动中，"以组织权威为依托的纵向协同"的主要活动主体，常以完成当前政府政策指向为目的而常设或者临时设置专门协调机构，同时，也存在各种形式组合而成的横向协同模式，其活动主体是针对某项政府任务所属类型具有相应主要职能的机构被赋予协调权威来充当协调机构。因此，与官僚制过盛的几点相对应，我国跨部门协同的主导模式可归结为"以权威为依托的等级制纵向协同模式"②。在"整乡推进"扶贫开发工作过程中，从河池市政府到环江县、乡镇自上而下逐级组建的扶贫开发攻坚工程指挥部是一种典型的以权威为依托的等级制纵向协同模式。当然，各级基础设施大会战的参与主体的权利来自不同区域、部门、层级的政府机构，由于在我国政府组织结构中跨区域、部门的政府机构间是平行关系，彼此平等，不构成直接的上下级隶属关系，因此传统官僚制下"命令—服从"的管理模式便不能满足这种跨区域、部门的公共管理事务的要求，因

---

① 温顺生. 整体政府视角下的欠发达地区公共服务供给机制创新——以广西东巴大会战的组织化动员运行为例 [C] // 中国行政管理学会. 中国行政管理学会2011年年会暨"加强行政管理研究，推动政府体制改革"研讨会论文集. 北京：中国行政管理学会，2011：18.

② 周志忍，蒋敏娟. 中国政府跨部门协同机制探析——一个叙事与诊断框架 [J]. 公共行政评论，2013，6（1）：91-117，170.

而只能寻求新的治理模式，即各地方政府、部门之间通过构建对话、协商机制，实现针对跨区域、部门的谈判、协商，实现合作市的共同治理模式。美国学者指出："如果政府纵向关系为命令等级架构，那政府横向关系可以设计为基于竞争和协商权力对等分割的体系。"①

在"整乡推进"扶贫开发攻坚战过程中，河池市各级党委发挥"总揽全局、协调各方"的作用，地方政府的党政力量形成统一领导力量，各部门协同推进，形成了在各级党委和政府的统一领导下各部门协调一致、齐抓共管的领导体制。各级党政一把手作为攻坚战工作的第一责任人，被赋予了很大的政治责任，同时也意味着他们拥有更多的权力和资源运作能力，能更加有效的运用"职务权威"推动组织化动员运作②。由当地党政一把手担任大会战的第一责任人，一方面体现了"整乡推进"扶贫开发政治动员的权威与规格，另一方面也表明"整乡推进"扶贫开发工作涉及社会的方方面面，需要有效的组织机制来动员体系内资源。在"整乡推进"扶贫开发攻坚战的组织动员机制中，各级党政组织系统是领导机构，组织、协调的成员单位包括宣传、组织、交通、水利、民政、教育、文化、国土等党政职能部门。在现行的攻坚战动员领导权力基本格局下确保了国家对体系内资源的有效整

---

① 理查德·D. 宾厄姆. 美国地方政府的管理：实践中的公共行政 [M]. 九州，译. 北京：北京大学出版社，1997：162.

② 周志忍，蒋敏娟认为，权威可划分为"职务权威"和"组织权威"两种基本类型，前者以任职的领导者个人为代表，后者则以拥有特定权力的机构为代表。相应地，等级制纵向协同模式可以细分为"以职务权威为依托"和"以组织权威为依托"两种基本类型。"以职务权威为依托"的纵向协同主要依赖领导者的"职务权威"，协同的结构性载体则是各级各部门的领导和大量副职岗位，以及副职间的分工和分口管理。跨部门事项如果发生在同一个"职能口"内部，共同权威基本上能较快实现部门间的协调配合或解决冲突；如果发生在不同的"职能口"由几个领导分管，不同职能口主管领导之间会采用多种形式进行协调，一般只有涉及重大事项时才会启动这一过程。参见周志忍，蒋敏娟. 中国政府跨部门协同机制探析——一个叙事与诊断框架 [J]. 公共行政评论，2013，6（1）：91-117，170.

合，执政党组织充当了动员的主导力量，是整个大会战工作体系的引擎①。

"整乡推进"扶贫开发攻坚战指挥部由市委黄世勇书记亲任总指挥，市人大常委会韦志鹏副主任为总协调，环江县也相应成立了以县委书记、县长为指挥长，县委副书记、常务副县长为常务副指挥长，联系大安乡7个村（社区）的县四家班子领导为副指挥长，县直交通、水利、林业、建设、农业、扶贫办、教育等30个部门负责人为成员的开发扶贫"整乡推进"大安示范区建设指挥部，实行开发扶贫党政一把手负责制，全面负责"整乡推进"工作的组织实施，并抽调了各部门人员到指挥部集中统一办公指挥部下设办公室、项目协调组、资金协调组三个机构。其中，办公室设在县政府，负责指挥部办公室日常工作，统一指挥、统一规划、分期投入、分项实施、统筹安排和组织协调"整乡推进"的各项工作。项目协调组设在县发改委，负责大会战项目的协调、下达、管理工作；资金协调组设在县财政局，负责资金的协调、下达、管理工作②。

由此，一个由各部门精英组成、队伍庞大、协调分工、自上而下、层次严谨的"整乡推进"扶贫开发攻坚战指挥部建立了起来，指挥部办公室的工作人员，各就各位，各司其职，各负其责。形成一级抓一级、层层抓落实的自上而下的金字塔组织动员系统及层级运作体系，形成了纵向相互协调、横向密切协作的组织动员领导网络体系，为大会战

---

① 温顺生．整体政府视角下的欠发达地区公共服务供给机制创新——以广西东巴大会战的组织化动员运行为例［C］//中国行政管理学会．中国行政管理学会2011年年会暨"加强行政管理研究，推动政府体制改革"研讨会论文集．北京：中国行政管理学会，2011：18．

② 同①．

有效运行奠定雄厚的组织基础①。

层级式运作体系是在发布工作任务之时，就现有的组织系统，通过层层发动，把工作分配到每一层级，从而保证工作任务高效迅速完成的一个体系。"整乡推进"扶贫开发攻坚战是通过层级式运作体系进行整体协同动员。这样的层级动员模式是基于中国党政领导体系和层级行政运作组织所决定的，中国特有的党政运动式组织动员体系中，无论是党委组织还是行政组织，在"整乡推进"扶贫任务的结构中，从目标设立到组织动员，形成了市、县、乡、镇自上而下金字塔式层级组织系统。层级式运作体系保障了扶贫大会战的资源和信息渠道快速流通。因此，政府跨部门协同组织化动员层级式领导运作体系是"整乡推进"扶贫的核心关键和制度保障，具有权威性、严密性、整体性②。大会战跨部门组织领导体制是依据整体政府理念而架构的权威官僚制体制，这样的体制形成了组织化动员机制创新的基本载体，在跨部门组织领导体制运作前提下实现了政府扶贫治理效能最大化，有效促进"整乡推进"脱贫攻坚战任务的圆满完成。

由上可见，在"整乡推进"扶贫开发攻坚战中为实现部门资源优化配合，利用跨部门业务协同特征调整组合政府组织部门，并通过创新构建出的组织领导体制，来强化整体政府跨部门协同组织化动员领导体系③。通过政府部门各项行政行为运转流程再造，构建以扁平化为特征的政府职能机构组成模式，管理职责清晰，去除重叠管理，各司其职，精简不必要的中间管理层次，加快层级之间纵向横向沟通，实现政府管

---

① 温顺生. 整体政府视角下的欠发达地区公共服务供给机制创新——以广西东巴大会战的组织化动员运行为例［C］//中国行政管理学会. 中国行政管理学会 2011 年年会暨"加强行政管理研究，推动政府体制改革"研讨会论文集. 北京：中国行政管理学会，2011：18.

② 同①.

③ 同①.

理高效运行；同时以机制为保障，推进跨区域、部门行政行为运转流程再造，构建跨区域、部门界限的行政行为流程，把"整乡推进"扶贫开发攻坚战所涉及的各个地方政府、部门资源进行整合，借助"整乡推进"构建而成的开发扶贫流程，把参与扶贫的各地方政府、部门所具备的部门功能、人力、物力、财力等资源整合为流程中各个必要组成的因素，从而突破区域和部门之间的界限，实现跨区域、部门协同办公，推动达到高效、及时的开发扶贫目标，从而实现全面公共服务。

四、组织化动员运行机制创新：强化体制内官僚组织化动员，发挥政府主导作用，整合国家、社会资源参加"整乡推进"扶贫开发攻坚战

（一）"整乡推进"扶贫开发攻坚战作为一种国家运动

"整乡推进"扶贫开发是一项具有综合性质的农村贫困治理模式，在不断探寻合理的治理模式中其丰富全面且系统的理论为我们提供了方向和思路。在广西欠发达地区开展的"整乡推进"扶贫开发攻坚战是典型的具有动员供给特征的公共服务政府主导供给模式，在动员式参与机制中由于政府始终是唯一的主导者，所以动员机制总以国家动员为主。在集中连片特困地区的"整乡推进"扶贫开发攻坚战中以政府官僚权威组织为主导的国家组织化动员模式对动员社会各界民众参与建设和资源整合发挥着不可替代的作用。政府官僚权威组织不仅负责政策制定，项目选择，资源的筹集、分配，还包括对政府以外各种社会力量的引导与协调。政府在提供公共物品时，具有天然的优势①。由于政府的

---

① 政府供给主导型，指由政府借助行政、经济、法律手段自上而下组织实施的制度创新，它与一个市场经济不够发达且国家力量相对强大的集权型决策体制相适应。参见陈明明. 比较现代化·市民社会·新制度主义——关于 20 世纪 80、90 年代中国政治研究的三个理论视角［J］. 战略与管理，2001（4）：109-120.

巨大权威性以及强大的资源动员能力，因此能够迅速地集中资源瞄准所要扶贫的地区及项目，增加该区域的基础设施建设。

"整乡推进"扶贫开发攻坚战作为一项综合性农村建设工程，其内容的全面性和系统性都为我们探寻合理的建设模式提供了方向和思路。我们要运用整体系统思考的方法——通过考量、形容、了解行为系统之间相互关系的方式，实现系统思考，从把握建设主体全局性、动态性和本质特征入手，用整体思维代替分割思维、动态思维代替静止思维、本质思维代替表面思维三个方面对"整乡推进"扶贫开发攻坚战的主体进行思考分析①，并在此基础上提出政府、社会和农民三位协调互动一体的主体观念。三者在"整乡推进"扶贫开发攻坚战过程中遵循系统思考的原则，既能明确各自的定位，又能在互动当中加强整体间的密切联系，在协调互动中实现全局推动。

由于职权划分的限制，"整乡推进"扶贫开发攻坚战的各种资源基本上按"条"与"块"安排资金、选择项目，各自完成任务。各种资源分布在不同的职能部门当中，各部门、单位、企业会依据自身的职能调动有限的资源，自主制订计划、选择项目开展基础设施建设，这会造成资源动员有限，大会战项目内容、项目方案的制订和实施缺乏应有的科学性、合理性；同时，"条""块"之间、"块""块"之间的工作很难协同，以致资源分散使用，如果不能进行有效整合，就会在"整乡推进"扶贫开发攻坚战中造成"撒胡椒粉"的副作用，达不到应有的开发成效。此外，"整乡推进"扶贫开发攻坚战指挥办公室具有任务型的特点，任务型的临时协调机构在现实工作中会受职权有限、人力短缺、资源不足等困难的限制，以致无法最广泛的动员各方力量集中投入

---

① 陈明明. 比较现代化·市民社会·新制度主义——关于 20 世纪 80、90 年代中国政治研究的三个理论视角 [J]. 战略与管理, 2001 (4)：109-120.

到"整乡推进"扶贫开发攻坚战建设当中①。鉴于此，必须创新"整乡推进"扶贫开发攻坚战动员领导体系，发挥参与式动员方式作用，强化"整乡推进"扶贫开发攻坚战的主体动员，整合国家、社会资源共同参与"整乡推进"扶贫开发攻坚战实践。"整乡推进"扶贫开发攻坚战根据"大整合"的创新理念和内在要求，在市、县、乡三级党委政府的直接领导以及市、县、乡三级"整乡推进"扶贫开发攻坚战指挥办公室的统一协调指挥下，按照"政府主导、群众主体、社会参与"的原则，加大宣传力度，完善动员机制，对各大会战参与主体职能进行明确定位，明晰划分责任，量化考核标准，加大奖惩力度，从而充分调动各参与主体的积极性、主动性，实现了多种力量协同整合、同期、同步投入大会战工作，为"整乡推进"扶贫开发攻坚战工作的顺利实施提供了更多、更有力的资源保障②。

　　"整乡推进"扶贫开发攻坚战在运行机制方面，明显是一项由政府自上而下组织的农村贫困综合治理运动。从发起到运转，即从该运动的提出到相关政策的制定和后续的公共产品提供方面，政府扮演着不可替代的角色，政府成为扶贫治理的核心主体。集中连片特困地区本身的特殊性和异质性，导致脱贫任务相对于其他地区更为艰巨，因此国家和政府在此过程中起到了关键的主体作用，而组织化动员是国家和政府实现

---

① 陈明明. 比较现代化·市民社会·新制度主义——关于 20 世纪 80、90 年代中国政治研究的三个理论视角［J］. 战略与管理，2001（04）：109-120；

温顺生. 整体政府视角下的欠发达地区公共服务供给机制创新——以广西东巴大会战的组织化动员运行为例［C］//中国行政管理学会. 中国行政管理学会 2011 年年会暨"加强行政管理研究，推动政府体制改革"研讨会论文集. 北京：中国行政管理学会，2011：18.

② 温顺生. 整体政府视角下的欠发达地区公共服务供给机制创新——以广西东巴大会战的组织化动员运行为例［C］//中国行政管理学会. 中国行政管理学会 2011 年年会暨"加强行政管理研究，推动政府体制改革"研讨会论文集. 北京：中国行政管理学会，2011：18.

路径过程的重要手段之一，是依靠组织体系运作机制，通过层级体系的权威力量来协调命令国家同构单位的社会动员模式。在这样的模式中，动员领导者和被动员者是层级体系中的上下级隶属关系，动员领导者不仅仅有动员权力，同时也把握动员过程中各类资源①。我国的政治动员机制是一种高效率且高度组织化的模式，这种模式中地方党委和政府通过自上而下的行政手段来大规模实现层级组织中资源配置和各方协调，从而能够凝聚各方力量，协调社会资源投入到"整乡推进"脱贫攻坚任务中，不断实现中央到地方的各项方针政策。

（二）中国共产党党员干部——组织化动员的主体力量

中国共产党作为全国扶贫综合开发治理发展的核心关键力量，不仅仅是扶贫主要的领导力量，同时也是整个扶贫组织网络的中心节点，处在国家组织权力的中心。中国共产党是通过层级权力网络来实现社会资源调配以及通过权力直接介入来实现国家治理和社会事务管理的。河池市、县各级大会战指挥部作为地方扶贫上的核心主导力量，在"整乡推进"扶贫任务的组织网络结构中处于职能履行、人事安排、资源配置的权威中心。"整乡推进"过程中地方党委具有集中协调配置和安排的权威性，其通过领导组织和动员体制来实现社会资源调配和各方力量统合，体现了中国国家治理资源平衡转型过程中的相对有效资源调配和力量动员机制。

完善的基层组织网络最大的特征是配备具有广泛代表性的高素质党员干部。高素质党员干部具备综合素质和能力，能够领导和影响社会动员，依靠层级行政网络体系来实现公共事物治理和公共服务供给，党员干部是多方协调参与和资源配置的基础性力量，在"整乡推进"扶贫

---

① 夏少琼. 建国以来社会动员制度的变迁［J］. 唯实，2006（2）：12-14.

任务中发挥着重要的作用①。党员干部作为基层党组织的战斗堡垒，是中国共产党领导社会治理的基础②。截至目前，全国共有九千万中国共产党党员，是数量庞大的人才资源，特别是配备综合素质技能和经验丰富的党员干部，更是公共治理的重要主体力量。中国共产党党员在基础设施建设大会战过程中发挥了巨大作用，一方面，中国共产党党员是政府开展工作的主要人才资源，特别是基础党员干部，是扶贫工作任务中上级部门和群众信息沟通和政策传达的重要连接点；另一方面，党政机关的中国共产党党员具有严格履行职能和服务的义务，因此在"整乡推进"过程中，中国共产党党员承担着具体工作的开展与落实，并且积极发挥领导带头作用。此外，中国共产党党员还需要动员共青团员、各类多元社会力量参与到大会战扶贫任务当中。

组织化动员的成效是依靠对"干部"进行有效管理来实现的，干部是组织化动员整个流程中各项具体活动的管理者、执行者，以不可替代的精英身份在动员活动中处于核心地位。而精英的综合素质、社会属性不一样，其组织动员的成效也截然不同。在中国乡村治理历史中，旧中国的乡村治理是依靠乡绅全面管控并依此进行农村社区的集体行动动员，新中国成立后，基于社会主义制度的要求，以原有乡绅为主的旧精英体系被破除，确立了方式不同但以各级党委为核心、干部为治理核心力量的新的精英体系，党和政府基层治理行为在形式和实质上发生根本变化，干部精英③在组织渠道中的作用是特殊的且具有决定性的。

---

① 温顺生．整体政府视角下的欠发达地区公共服务供给机制创新——以广西东巴大会战的组织化动员运行为例［C］//中国行政管理学会．中国行政管理学会 2011 年年会暨"加强行政管理研究，推动政府体制改革"研讨会论文集．北京：中国行政管理学会，2011：18.
② 邓小平．邓小平文选［M］．北京：人民出版社，1993：230-237.
③ 尤其是党政精英中的高层领导人的鼓舞与激励，往往被当成政治动员中的强大力量与凝聚力和向心力。

　　为了加强对"整乡推进"扶贫开发攻坚战的组织动员领导，保证脱贫攻坚项目的胜利以及圆满无误的完成任务，"整乡推进"扶贫开发攻坚战打响以后，河池市党委、政府将其作为一项重要政治任务，积极举办动员大会并做出动员令，在决策到实现全面胜利的整个环节中，示范区建设项目启动以来，市委书记黄世勇多次过问并亲自到示范区检查项目推进情况、指导项目建设工作，亲自到自治区财政、扶贫等相关部门争取项目建设资金，多次深入"整乡推进"扶贫开发攻坚战第一线亲自指导和解决大会战工作中存在的困难和问题。市党委、政府主要领导对"整乡推进"扶贫开发攻坚战所给予的高度关注在很大程度上增强了河池人民挑战贫困、改变落后、发展家乡面貌的信心。在"整乡推进"扶贫开发攻坚战实施的过程中，市党委、人大、政府、政协和"整乡推进"扶贫开发攻坚战的众多领导，积极投身于大会战工作，解决大会战中存在的难题，保障大会战的实施。如市领导班子先后20余次到示范区主持召开项目建设协调会、现场办公会、项目推进汇报会等重要会议，并亲自率县、乡及其相关部门领导和村干、群众代表到贵州参观考察新农村建设情况；赴广东省东莞市黄江镇汇报示范区考查项目推进情况，争取项目建设资金。为了坚决贯彻落实、执行好自治区党委、政府的重大决策，不辱使命地完成这一神圣的历史使命，从2012年到2015年，这三年时间里，河池市委、市政府坚持把"整乡推进"扶贫开发攻坚战作为全市压倒一切的重大中心任务来抓，一切服从会战、一切服务会战、一切为了会战，举全市之力，采取行之有效的措施，自治区、市、县对所谓的"党政领导干部精英"进行必要的动员，加大组织、督查、指导、服务的力度，实行党政主要领导负总责，班子成员齐抓共管，各级领导率先垂范、重心下移、靠前指挥；实行严格的项目建设目标管理责任制，做到任务、资金、权力、责任四道线，一级抓一级，层层抓落实，整个大会战"整乡推进"扶贫开发攻坚战组织严密、井然有序。

在强大政府动员令下，河池市各级党委、政府把握机遇，团结和带领各族人民，发挥革命先烈敢打敢拼的优良品质，坚持坚毅不挠的伟大精神，以毫不懈怠的冲劲，排除千难万险，科学布局实施项目建设，取得了一次又一次"攻坚战"和"歼灭战"的圆满胜利，保证了"整乡推进"扶贫开发攻坚战各项工作的顺利和协调发展。

（三）动员河池市上下国家单位力量①，整合国家资源，实行对口帮扶，以建立帮扶挂钩责任制和加强党政部门联动来进行资源动员投入"整乡推进"扶贫开发攻坚战

首先，进一步整合资金来源，增加财政投入。包括争取上级各项政策拨款支持以及多方号召社会捐赠，同时对各个部门涉及农村帮扶资金进行优化整合，对试点乡镇的开发扶贫提供强有力的财政支持。进行多举措精准扶贫，落实到具体单位，完善干部对建档立卡贫困户"5321"制度，即厅级干部对接 5 户、处级干部对接 3 户、科级干部对接 2 户、普通干部对接 1 户。河池市十一个"整乡推进"试点乡镇中共有 543 个县（市、区）直单位，其中帮扶到村、扶贫到户的干部总共有 56 个，分别担任 56 村（社区）的第一书记，总计有 2463 个干部对接帮扶5014 户贫困户。河池市各级政府部门和单位严厉贯彻项目建设责任制和责任追究制，整合贫困地区的乡镇、村屯实际情况因地制宜制定帮扶计划，全过程制定详细的目标任务、具体措施、项目安排、资金规划、时间进度等重要方面。并且在帮扶村屯制定公开透明的承诺机制和监督机制②。环江县领导班子也十分重视帮扶工作，安排 7 位县处级领导定

---

① 国家单位力量就是指体制内的党政机关和企事业单位。

② 温顺生．整体政府视角下的欠发达地区公共服务供给机制创新——以广西东巴大会战的组织化动员运行为例［C］//中国行政管理学会．中国行政管理学会 2011 年年会暨"加强行政管理研究，推动政府体制改革"研讨会论文集．北京：中国行政管理学会，2011：18.

点联系帮扶 7 个村（社区），协调 30 个县直单位对接帮扶到村，扶贫到个体户，设立区、市、县三级 7 名党员挂职干部分别担任 7 个村（社区）的第一书记，大安乡班子领导每人挂钩联系 1 个行政村，每个行政村安排 3 至 5 名工作人员配合村组干部抓项目建设推进工作。

此外，重视社会力量的作用，制定各项措施动员社会力量积极投身于扶贫工程中。例如，建立网上商城"河池扶贫超市网"，将贫困村的扶贫产品进行线上宣传与销售。以互惠互利为出发点，地方政府负责牵线搭桥，让多家企业结合自身经营要求，以各种合作方式帮扶各试点乡镇贫困村，实现社会力量有效参与开发扶贫的目标。

五、结论与思考

所谓"整乡推进"，就是勇于突破旧办法并以一个乡作为单元进行统一规划，坚持经济、文化和社会共同发展，推动开发与发展更好结合，逐步实施，突出重点，全局推动。充分调动政府和社会各界的力量，将人力、物力、财力资源进行有效整合，动员群众，整体推动产业开发、基础设施建设和易地安置，改变传统"点状开发、点状发展"的方式，实现向"连片开发、连片发展"根本性转变，切实解决人口贫困问题，是实现脱贫增收、改善贫困人口生活的有效贫困治理模式。

广西特有的"整乡推进"模式对于全国范围的集中连片特困地区扶贫治理起到了示范作用，其本质上是一种"集中力量办大事"与"统筹一盘棋"中国特色公共治理方式的"国家运动"，是公共治理主体（国家和政府各级部门）针对政治经济发展和社会事业发展所展开的统一运动，"整乡推进"就属于其中之一。"整乡推进"模式是集中力量建设基础设施的动态惯性机制，遵循中国国家治理逻辑和中国治理范式，其中包括三方面：一是国家对社会改造的宏大规划或成效方面存在民众认同性压力，这有利于推动国家在进行社会改造过程中产生内生驱动力，并且取得超越原有绩效合法性的期望值；二是现有资源调配机制不能满足社会改造的需要，国家基于完成社会改造需要必然要转变原有资源调配机制，在制度、体制结构和行业框架内把有限的资源统一集中利用到国家社会改造的具体过程中；三是制度层面上国家被赋予专断的权力，国家运动在动员和组织过程中实现国家意愿和国家执行活动，其中政治官僚制为其奠定了组织合法性基础。广西河池市之所以采取"整乡推进"这个超常规、破制度、跨专业界限的国家运动方式解决贫困问题，实际上是政府意欲尽快推进社会改造增进合法性绩效而又缺乏足够的有效性手段时不得不采取的社会动员策略，是为了发挥"社会主义制度集中力量办大事的优势"，在整体性治理框架下把政府官僚组织系统一切积极因素调动起来，集中必要的资源进行贫困治理，是以权威为基础的等级制纵向协同。目前，跨部门协同无论是依靠职务权威或组织权威，仍是依托等级制纵向协同的模式，其特征是对权威的高度依赖和信息的纵向流动，呈现出官僚制典型的强制性协调格局。但是在权力集中体制和跨界管理要求不高的情况下，具有官僚制典型的"强制协调"方式在部分基本工作中能发挥重要的作用，换句话说，以权威为基础的等级制纵向协同是进行协调的有效工具。实践证明，"整乡推进"模式在一定时期和一定区域内（尤其适合于集中连片特殊困难地区）是很有效果的，其在运行过程中打破分割、强化整合、构建整体政府，集中必要人力、物力、财力，汲取、整合并配置资源进行贫困综合治理，是政府管理方式机制创新的一个很典型、很成功的案例。

中共十七大报告提出要"健全部门间协调配合机制"，十七届二中全会《关于深化行政管理体制改革的意见》中提出要"完善行政运行机制"，"实现行政运行机制和政府管理方式向规范有序、公开透明、便民高效的根本转变"。这表明，打破分割、强化整合、构建整体政府，是当代我国行政改革的重要内容。整体政府在打破原有各自为政、缺乏沟通交流的组织封闭状况，搭建和促进政府、部门之间的合作协调机制，实现政府职能的优化整合和各地政府、部门资源的合理共享，提供高质的公共服务及应对公共危机等方面，大大优于传统官僚制，其社会适应力和生命力得到政府和民众极高的认可和推崇，至今已成为国际公共行政改革的一种趋势。构建整体政府组织化动员作为一项覆盖各级政府公共部门，涉及组织结构变革、信息资源整合、业务流程再造和服务提供方式改革等各项活动的系统工程，在当代中国国情和政治语境下具有深远的现实意义。冯仕政（2011）认为，各种国家运动的核心内容都是对人力资源的调配和使用，从涉及相关的人力资源群体属性来看，国家运动大体上可分为两类，即官僚性运动和群众性运动。传统官僚制国家的运行包括发起、组织、动员等具体环节，都归属国家官僚常规工作内容，并且是官僚运行机制界定的责任，必须积极参与。可以看出，调动官僚系统开展国家运动是一项符合制度的合理公共管理行为。从效果方面来分析，官僚性运动和群众运动各自的优缺点都极为明显，官僚性运动的优势是基于成熟的官僚体系，其组织性和专业性、熟悉程度较群众性运行都有非常大的优势，不过容易受传统组织框架限制，直观影响力偏小。此外，因专业分工所造成的本位主义和认知偏见，使得国家所动员的人力资源仅限于国家官僚系统内部。因此，整体政府组织化动员在一定条件下才能充分发挥效能，该动员模式并不具有万能普适性，我们必须清醒地看到我国运用整体政府理论进行跨部门政府组织化动员（官僚性运动）仍需解决的问题、有待实现的目标以及具体的实施措施，与此同时，还需要因地制宜地进行方法的运用。

第二节　项目制治理的运行机理——基于广西"十二五"整村推进扶贫开发基础设施项目制建设的实践分析

在"十一五"整村推进的实施和经验基础上，广西制定了"十二五"整村推进扶贫规划，规划任务为"十二五"期间将对 3000 个贫困村实施整村推进扶贫开发。贫困村在整村推进的运动当中发生了巨大的变化，其中包括贫困村的发展条件、村落基础设施建设、生活环境以及自我贫困发展能力，普遍实现贫困户脱贫增收。整村推进就是以村委作为扶贫开发的重点建制对象，以贫困群众脱贫增收为核心，发展基础设施建设，推动社会公益事业发展，不断改善群众生产生活，目标是全局推动经济社会文化发展，有效合理进行资金整合，进行科学规划后集中投入资源，过程需要规范运作，分批实施有效逐村验收的扶贫开发的工作方式。由此可见整村推进扶贫开发是以项目建设为基本载体和基本内容进行的，所以对整村推进扶贫开发项目制治理的运行机制的实证研究与剖析就尤为重要了。

本节研究选取的案例为广西"十二五"以来整村推进扶贫开发基础设施建设项目制供给的诸多实践，利用项目扶贫这个新的治理模式推动探索出我国欠发达地区政府新的制度机制如何创新进行贫困综合治理，探讨项目制在科层动员中的作用机制及效果。

一、扶贫项目制治理的生成逻辑

（一）"整村推进"扶贫模式的特点

"整村推进"扶贫模式主要具有以下特点：一是把参与式规划作为基础，村级规划规范扶贫项目的选择和实施；二是将项目管理的方法运用到基础设施、生态环境建设、公共事务和社会事业建设等方面，扶贫开发需要纳入村级组织和建设民主政治环境建设以及社区精神文明建设，让其成为项目管理的重要内容；三是科学合理整合扶贫资源，项目建设上根据项目各自集中投入资源，进行组织协调的办法，积极动员可调配的财力、物力、人力资源；四是注重参与式扶贫方式，充分调动贫困村群众参与整村推进扶贫开发的热情，在制定贫困村屯扶贫开发规划过程中积极纳入贫困村农民参与其中，并且确定贫困户，让其参与选定年度计划项目，参与项目的建设和实施管理，参与扶贫资金、物资的使用监督，参与扶贫项目验收和后续管理。由此可见"整村推进"扶贫开发是以项目建设为基本载体、基本内容进行的，是典型的项目制扶贫。项目制扶贫已经成为当前欠发达地区政府进行贫困治理和决策过程中的一种科学思维和行为模式，具有其运行的内在规则及机理，具有体制特征的治理逻辑。所以对"整村推进"扶贫开发项目制治理的生成逻辑进行分析有利于推进地方政府治理能力现代化。

（二）扶贫项目制扶贫治理模式的生成条件

项目制的形成，是一定历史契机以及政府转变治理方式的产物[①]。在一定历史背景下国家体系和社会条件相结合会促进项目制的形成。行政科层制化的具体表现之一就是财政支出的专业化和项目化。中央政府向地方政府进行财政资金分配的制度中，为保障财政资金能有效合理分配到地方政府，对项目制中一项重要项目基础"分税制"进行了改革。1994 年开始中央在对税收和财政体制的改革中利用税收分享方案改变了中央政府与省级政府间相互磨搓的税收关系，实现中央与地方财政关系的良好发展。项目制能发挥作用的一个关键条件就是其能在地方政府或基层社会中发挥重大的激励功能。绩效合法性的思维模式是项目制产

---

① 渠敬东. 项目制：一种新的国家治理体制 [J]. 中国社会科学. 2012（5）：113-130.

生的重要条件，即国家拥有自主性的同时也能约束政府行为，最终，构建能可持续产出绩效的机制。项目制通过专项资金的独立运营，实现标准化和专业化的项目程序，从而为社会成员生产生活提供规范合理的运作规格、更优质的公共服务和公共产品。

"扶贫项目制"是综合国家和地方利益于一体，处理贫困与发展问题的有效方法。政府项目政策很大程度上会影响地方政府对扶贫政策实施的效果。由国家政府主导的项目扶贫需要进行多层的动员过程：一是政府制度框架内的动员，该动员关系到中央实施离不开地方经济利益发展。"扶贫"是上级部门针对地方政府发展过程中解决地方贫困问题而做出的地方上下级之间所需的内部妥协；二是地方政府对当地农户的动员过程。在"扶贫"过程中农户动员已经作为有效合法性的理由，但实际的扶贫工作仍存在政府与农户之间不协调的地方。

综上所述，"扶贫项目制"是在中央与地方政府、地方政府与农户之间相互作用、相互影响过程中产生的。在这权威框架体系横向与纵向相互交错的关系中项目制扶贫治理成为一项具有深刻意义的政策话语。项目制扶贫治理的政策逻辑是包涵中国社会转型时期的结构特点，其中具体体现为中央与地方权力关系的统一与分化、国家与地方利益的一致与对立，地方贫困问题与发展规划之间协调与矛盾等一系列问题。

二、扶贫项目制治理模式的运作逻辑

项目自上而下从国家部门到地方政府，最终到村是需要经过层层的机制运作的。本研究将扶贫项目制治理看作一种动员式政策执行的落实运行过程，即利用政府的政策执行人员如官员、公务人员等对工作的积极行为促进政策进一步有效实行的一种方式①。而对基层政府的动员则成为动员式政策执行的最主要方式，陈长虹、黄祖军（2014）认为，传统基层政府动员模式的特点是以行政科层权威为基础②。当前，伴随对该动员方式的探索逐渐成熟，同时呈现出一些新特点、新改变，具体体现在逐渐向急速治理的项目化动员模式转变。项目化动员有几项显著运行特征：一是动员方式由运动式转变为项目化动员；二是动员模式由"层级动员"变为"多线动员"；三是基层政府由被动接受政令变为主动争取项目。

与此同时，财政支出的专项化与项目化是财政改革中一项重要的内容，其本质上是行政科层化的结果。项目制的产生与形成是与分税制改革分不开的，是一项重要的制度基础。其中采用自上而下的财政资金分配制度一方面能有效保证财政的合理分配，另一方面中央政府可以规范向地方财政转移资金的途径与制度。项目财政作为一项具有激励功能的工具，可以通过项目运作的转移支付，从头开始构建完整科学的自上而下的动员型财政体系。政府部门里"发包"这项工具在解决重大问题的同时，也作为政策意志的载体表达出中央下放到地方的政治、经济与社会改革方面的意图，以此推动财政进行配套支持③。周雪光将部分地方项目制的运作比作一种"自上而下的钓鱼工程"，即在项目体制中运用"钓鱼"的方式协调上级与下级之间的关系，上级通过"钩"动下级在项目中财政资金的投入，同时上级在过程中提供政策的合法性、公共服务的合理性以及回旋的余地，以保障最大程度上提高动员的效能。

---

① 王礼鑫. 动员式政策执行的"兴奋剂效应"假说［J］. 武汉大学学报（哲学社会科学版），2015，68（1）：77-83.
② 陈长虹，黄祖军. 有效治理视阈下基层政府动员转型［J］. 西华师范大学学报（哲学社会科学版），2014（4）：89-94.
③ 李蓓. 农村公共产品项目式供给逻辑与支持网络——基于浙江省F村的考察［D］. 浙江师范大学，2014.

换言之，是政府用极少的财政预算诱使基层单位不断地追加资源从而推动它希望完成的工程项目①。而地方借助项目资源保障进一步的扩张投资，将多个项目进行自主的资源整合，从而将多个项目整合成一项庞大综合的大工程，最后利用该项庞大的工程带动地方资本的扩张②。如国家级贫县上林县在"整村推进"开发中的基础设施建设项目资金投资来源就可以说明问题，详见表3-1。

有学者针对项目的强动员进行深入研究，提出项目的强大动员作为一项创新性动员，突破了常规的行政程序，为基层行政提供了有效的增量资源，并能够迅速有效促使基层部门达成集体行动来实现上级部门的意志。项目中存在"发包方"与"打包方"两个主体与客体，其中项目主体作为"发包方"借助项目的名义突破传统的科层制度赋予"打包方"激励，而客体则将地方自利性的热情自下而上交给上级部门，促进动员的程序更加高效集中。广西"整村推进"开发通过项目的形式，经过发包打包抓包深入到农村开展，引起各级政府的极大兴趣和关注，并且取得显著成效。发包主体利用"钓鱼"的方式体现出国家的意志表达，关注新农村的新兴化建设与改造，重点解决"三农"问题，改变落后的村基础设施，提供更优质的公共产品和公共服务；地方政府利用整合分配资源，将项目进行"打包"实现自我盈利的目标；大力投入项目资源打造示范村、重点村，以突出地方的发展与政绩；最后分包主体所表达的国家意图已经被曲解，更多的是一种具有强制性的发展动员令。从农村的角度出发，该动员命令象征着资金与发展，所以他们关注的是项目资金所带来的发展红利，而不是农民是否所需。

---

① 周雪光.逆向软预算约束：一个政府行为的组织分析［J］.中国社会科学，2005（2）：132-143，207.

② 周雪光.逆向软预算约束：一个政府行为的组织分析［J］.中国社会科学，2005（2）：132-143，207.

表3-1　上林县2011—2015年贫困村和革命老区村基础设施建设财政扶贫资金项目规划表（部分村）

建设地点				项目名称	建设性质	建设规模	主要建设内容	总投资（万元）				受益农户		受益人口		备注
市名	县名	乡镇名	行政村名					合计	财政扶贫资金	地方配套	群众自筹	合计	其中：老区村	合计	其中：老区村	
	9		80	屯级路400条		940.5	新建屯级水泥路400条940.5公里	23512.50	18810.00	1881.00	2821.50	40845	38463	181966	168252	老区 贫困村
		明亮镇	溯浪村	塘合—定产水泥路	新建	1	路基4.5m，路面3.5m	25.00	20	2.00	3.00	65	65	319	319	老区 贫困村
				定产—文定水泥路	新建	1	路基4.5m，路面3.5m	25.00	20	2.00	3.00	75	75	439	439	老区 贫困村
				村路—文定水泥路	新建	1	路基4.5m，路面3.5m	25.00	20	2.00	3.00	75	75	439	439	老区 贫困村
				村路—丰庚水泥路	新建	2.5	路基4.5m，路面3.5m	62.50	50	5	7.5	64	64	315	315	老区 贫困村
				村委—那赖水泥路	新建	2.5	路基4.5m，路面3.5m	62.50	50	5	7.5	51	51	165	165	老区 贫困村

续表

建设地点			项目名称	建设性质	建设规模	主要建设内容	总投资（万元）				受益农户		受益人口		备注
市名	县名	乡镇名	行政村名					合计	财政扶贫资金	地方配套	群众自筹	合计	其中：老区村	合计	其中：老区村	
			江林村	石奇—坡林水泥路	新建	3.5	路基4.5m，路面3.5m	87.50	70	7	10.5	252	252	967	967	老区贫困村
				坡林—光朗水泥路	新建	2	路基4.5m，路面3.5m	50.00	40	4	6	61	61	227	227	老区贫困村
				石奇—小塘龙水泥路	新建	3.5	路基4.5m，路面3.5m	87.50	70	7	10.5	136	136	537	537	老区面上村
			塘隆村	那东—塘马水泥路	新建	10	路基4.5m，路面3.5m	250.00	200	20	30	139	139	628	628	老区面上村

三、广西"十二五"整村推进扶贫项目建设的绩效①

整村推进扶贫项目自 2011 年开展以来，贫困村以基础设施建设、培育增收产业为着力点，大力推进整村扶贫项目建设，使贫困村的生产生活条件发生了巨大的变化，项目成效显著。本节主要从贫困村的基础设施建设项目的建设内容对整村推进项目的成效加以阐述。

基础设施建设项目的建设内容。广西扶贫开发整村推进项目"十二五"规划中基础设施建设项目包括以下九个方面：通村公路、屯级道路、基本农田建设及改造、设施农业建设、小型水利建设、入户自来水、蓄水池（窖）、危房改造等住房项目以及其他项目。该类项目旨在解决贫困村出行难、用电难、吃水难等严重制约贫困村经济社会发展和扶贫对象生活水平提高的问题，以此改善贫困村的生产生活条件。

（一）基础设施建设项目的绩效

1. 基础设施建设力度加大，改善了贫困村的生产条件

基础设施条件关系着老百姓的生产生活状况。贫困地区基础设施落后，生产条件一直十分恶劣，严重影响着当地农户的生产生活水平提高。"整村推进"扶贫项目专门针对贫困村基础设施条件的改善。近年来，不断创新和落实贫困村基础设施的建设，通过道路修建改善了农资和农产品的运输条件，水利建设改善了贫困地区的灌溉条件，禽畜圈舍改造改善了贫困地区养殖条件，贫困村的整体生产环境得以改善。

（1）道路修建改善了农资和农产品的运输条件

三年来，"整村推进"项目投入 29.99 亿元在全区 3000 个贫困村修建了 9414.80 公里村级道路；投入 28.72 亿元修建了 20140.95 公里屯

---

① 资料来源：参阅《广西"十二五"整村推进扶贫规划中期评估研究报告》，广西扶贫办内部资料。

级道路，对贫困村的运输条件有很大的改善。在调查的 19 个县 60 个村 922 位样本农户中，723 位对道路建设项目带来的效应问题做出了回答，其中，593 位农户认为该村道路修好后方便了农产品的运输，占 82.02%；398 位农户因此新购买了摩托，占 55.05%；70 位农户新购买了农用车，平均每个贫困村至少有 1 户农户拥有农用车。详见表 3-2。

表 3-2　贫困村道路兴建带来的变化情况

变化	方便了农产品运输	购买了摩托车	购买了农用车
农户数	593	398	70
占比	82.02%	55.05%	9.68%

注：本章图表数据全部根据 19 个县 60 个贫困村的调研数据整理所得。

　　一方面，贫困村以前由于交通不便，生产资料和农产品买进和卖出十分不便，但由于通村公路和屯级道路的修建，很多农户购买了摩托车，在方便出行的同时为生产资料的购置带来了便利，而农用车的添置更为加大了这种便利条件；另一方面，以前由于道路的不通畅，收购商不愿入村收购农产品，即使村里有好的、富余的产品也卖不出去，但是道路的兴建方便了收购商入村收购，农户的农产品销路得以拓宽，收入得以增加。

　　（2）水利建设改善了贫困地区的灌溉条件

　　2011—2013 年间，"整村推进"项目投入 6.02 亿元修建了 26148.40 处小型水利；投入 38.97 亿元修建了 17111.40 座蓄水池，有力地改善了贫困地区的农田灌溉条件，作物生长用水得到充分满足，长势更好，产量和质量都得到提高。如防城港市那钦村，该村耕地少、山地多，村里除外出务工外收入来源主要靠山上水果种植，但是因为山坡灌溉条件不成熟而使得水果产量逐渐下降。"整村推进"项目实施以来，村里修建了拦水大坝，用于引水上山灌溉，山坡上还利用地势修建了三面光水渠，灌溉条件明显改善，水果和其他农作物的生长有了充足的水源，产量逐步回升和提高，质量也变得更好。

（3）禽畜圈舍改造改善了养殖条件

三年间，全区投入 9685.85 万元配套养殖圈舍 7109.25 座。这一举措清洁了禽畜生活环境，降低了禽畜疾病的发病率，养殖产量和质量得到提高。同时，生产生活环境的改善大大促进了一二三产业实现融合，8 家农家乐能为垂钓者提供餐饮服务。新丰的餐饮、住宿等服务业得到发展。

2. 人居环境改善，提高了农户生活质量

居住环境关系着农村百姓的生存状况和生活质量。贫困地区除了生产条件恶劣之外，生活条件也不容乐观。广西贫困山村农户的生活长期处于卫生条件差、饮水安全难以保障、缺乏娱乐活动状态。2011—2013年，"整村推进"扶贫项目着重对贫困地区的基础设施、生态环境和社会事业投入建设，贫困村的卫生条件大大改善，饮水安全问题逐步得到解决，群众娱乐活动增加，精神生活更加丰富，生活质量稳步提高。

（1）卫生条件改善，农户居住环境更好

三年来，整村推进扶贫项目对 3000 个贫困村投资 51.87 亿进行生态建设和环境改善，改善了人居环境 10.95 万户，改善了生态 447.07万亩，扶助了清洁能源设施 7.6 万套，建设了村内垃圾和污水处理项目9331.70 个，以及其他风貌改造、绿化等项目的开展，贫困地区的人居环境大大改善。在 19 个县的调研中，有 753 户农户对整村推进项目开展后本村环境变化情况做出了回答，其中 559 位农户认为村庄环境改善，占 74.24%。

（2）建设饮水工程，保障安全饮水

三年间，"整村推进"项目投资 44.59 万元在入户自来水和蓄水池/水柜项目的建设，解决了 20 多万户的入户自来水问题，贫困村

77.34%的安全饮水问题得到解决。如桂平市甘井村实施整村推进项目以前，村里的吃水问题是靠几户合打一口井抽水饮用。因为资金、人力、地理条件等限制，水井打得浅，雨水、田地里的泥水等经常渗到水井里面，饮水安全得不到保障。近年来，桂平水利局投资230万帮助甘井村兴建了饮水工程，开挖了深水井，主管道修好之后，每户都接通了进户管道。现在，全村7000多人都喝上了甘甜的地下水，饮水安全问题得以解决。

（3）修建活动场所，娱乐活动增加

经过三年的建设，目前3000个贫困村每个村基本配备有一个篮球场和一个舞台，有的村甚至修建了多功能广场。男性村民打球锻炼的次数明显增加，女性村民跳舞健身的次数也明显增多。有的贫困村还专门配套有健身器材，农户尤其是老人、小孩的健身活动增多，身体素质提高。如合浦县高豪村，2012年高豪村在文体局的帮扶下修建了一个篮球场和两个乒乓球台。自此，村民的娱乐活动日渐丰富。村里的男同胞几乎每天下午都骑摩托车到村委旁的篮球场打球；而等吃过晚饭之后，篮球场音乐飞扬，又变成了妇女跳广场舞的场所；小孩子则在放学之后聚集，一起打乒乓球或羽毛球。村庄公共活动场地、设施的修建使农户休闲娱乐活动不断丰富的同时，也增强了村里的凝聚力。

（4）书籍阅览机会增多，精神生活更加丰富

就调研的60个贫困村而言，每个行政村都建设有图书室，文体、计生等各部门，帮扶单位捐献的图书总量大、种类多，从儿童漫画、种养技术、个人修养、烹饪服务到经典名著，应有尽有。由于图书室的修建和书籍的增加，农户可以到图书室阅览书籍。各地贫困村还制定了图书馆管理规定，由值班村委无偿管护，办理借阅登记和图书收回。农户无须缴纳押金和阅读费，凭信用进行借阅，办理借阅手续后就可以拿回家细细品读。由此，农户的精神生活更加丰富，文化水平和技术水平也

从中得到了提高。

（5）道路整洁，居住环境更加美好

贫困村在清洁乡村小项目的推动下，大多制定了道路清理规定，实行门前三包制度。农户对自家房前屋后的道路自觉清扫，加之很多贫困村兴建了水泥硬化路，道路的整洁程度大大提高。再加上垃圾池的修建实现了生产生活垃圾的集中回收处理，村道、路面垃圾的清理也减少了蚊虫出没和疟疾传染，贫困村的居住环境更加美好。

此外，整村推进其他很多项目也促进了贫困村人居环境的改善和生活质量的提高。立面改造项目改善了贫困地区房屋风貌；四旁绿化改善了村旁、路旁、溪旁、屋旁的环境；电网改造改善了贫困地区用电问题；电视、广播、手机甚至电脑的通信设施建设拓展了贫困村农户了解外界的渠道，增加了与外界沟通交流的途径。

3. 村民对政府的信任度提高，改善了干群关系

（1）扶贫部门下村走动勤，农户与其和谐一家亲

随着整村推进扶贫项目的开展，扶贫办的工作人员时常下乡、下村开展入户走访，与村民讨论项目情况，监督项目进展，跟踪项目后续情况，村民与扶贫办的同志的关系也越来越和谐和亲切。村民敢于并愿意对扶贫部门的人员提出自己对于村里发展的需求和建议，对他们有着充分的信任。

（2）村民对各整合部门的熟悉度和认知度提高

整村推进项目不仅仅是扶贫部门一个部门在参与，而是其他各个政府部门也都竞相在贫困村展开扶持。在调研走访的 60 个贫困村中，村民对于本村每个项目的投入部门不再将其全部归为政府一个单一名词，而是对具体部门非常清楚，例如农户可以准确地讲出本村村级道路是交通局投资多少来修建的、篮球场是文体局投资多少来建设的等。贫困村村民对于各个整合部门的熟知度提高。

（3）农户对村干和乡镇政府等基层干部的信任度提高

在调研走访的 60 个贫困村中，2011—2013 年间，村民对于遇到困难寻求帮助的对象相比整村推进项目开展以前有了很大变化。项目开展后，虽然村民解决问题的途径和资金来源主要仍是自己，但交往交流已不再局限于亲朋好友。在所调查的样本农户中，对于村干这一来源进行选择的农户数达到 241 户。项目开展后，农户对于遇到困难自己解决和求助于亲朋好友的比例分别下降了 16.14% 和 11.42%；而向村干寻求帮助的比例增加了 21.72%；请求乡镇政府和其他诸如农村指导员等支援的比例提高了 40% 以上，可见，农户对村干和乡镇政府等基层干部的信任度有所提升。详见表 3-3。

表 3-3　项目前后村民解决问题的途径变化情况

遇到困难寻求帮助的对象	自己解决	亲朋好友	村干	乡镇工作站	专家或技术人员	其他
项目前	471	219	198	43	20	7
项目后	395	194	241	61	83	10
提高比率	−16.14%	−11.42%	21.72%	41.86%	315.00%	42.86%

同时，调研的 922 位样本农户中认为村里干群关系得到改善的农户数有 834 户，超过样本量的 90%。对于村民何以感到干群关系得以改善的原因集中在项目的开展增加了村干和农户相互之间的交流、村干对农户意愿的尊重、村干做事公正，以及取得了农户的信任这几个方面。

综上情况，经过项目的开展，贫困地区农户与村干和乡镇政府等基层干部的交流增加，农户对村干和政府的信任度得到提高。

（二）基础设施建设项目参与度和满意度

1. 基础设施建设项目的部门整合及实施情况

基础设施建设项目包括道路、小型水利、入户自来水、蓄水池/水柜、危房改造、基本农田改造、设施农业和通电几个小项目，而每个具体项目的实施内容和参与的部门不尽相同。

道路建设主要是指新建、扩建或修缮村级道路和连接村内各自然村的屯级道路。其中村级道路目标是建成水泥或沥青路，屯级道路则包括水泥路和砂石路。村级道路的修建由交通运输部门负责，交通局负责招投标、施工队的选择、施工监督、验收以及后续养护的全部过程。贫困村屯级道路的修建参与部门很多，最普遍的参与部门是扶贫办、发改局、财政局和移民局。屯级路是扶贫部门的专项扶贫资金在贫困村基础设施建设投入中最主要的建设项目。财政部门在贫困村的道路建设是通过"一事一议"项目进行的，在村民人均自筹15~30元交至财政局之后，财政部门再核算补助资金并拨款。移民局的项目则针对搬迁安置的移民村屯。当然，其他诸如发改局、民族局、交通局和挂点帮扶单位也在贫困村的屯级道路项目上有所投入。

水利项目，包括水渠、地头水柜、蓄水池等小型水利设施，对不同的地域兴建不同的设施。在水源条件充足的桂东、桂南地区，小型水利以农田灌溉水渠为主，在桂北、桂西的大石山区，以储水的地头水柜为主。水利项目基本由水利部门全权负责，农业、国土部门有时也会在实行设施农业或农田改造时将其作为配套建设加以投入。

饮水项目的入户自来水和蓄水池/水柜项目同水利项目如出一辙，由于各地不同的地理条件和水源差异而有不同的实施方式。在大石山区，主要在山坡修建蓄水池/水柜，参与部门集中在扶贫办。水柜由扶贫部门或水利部门利用扶贫专项资金补贴砂石料，或直接将补贴发放给农户由农户自己购买材料，后期施工、养护基本也全部由农户自己负责。入户自来水由扶贫办、移民局等部门负责组织专业施工队挖好深水井，并拉通入村主管道，而进户管道、水表、水龙头则由农户自己负责。

危房改造项目目的在于消除贫困村茅草房、泥砖房等不符合安全居住标准的住房，由住建局负责实施。每户的补贴标准因年份、地区、农户贫困程度以及是否新建四个因素而有所不同，补贴金额由 8000～21000 元不等。

基本农田改造项目主要是土地平整等低产田改造项目，由国土部门实施。设施农业项目由农业局负责，主要内容是大棚建设、种植基地建设等。农村电网改造及电路接通项目目的在于全面解决贫困地区用电问题，负责实施单位是电力公司。

2. 基础设施建设项目的农户参与度

（1）总体参与情况

村民对于整村推进项目中基础设施建设项目的农户参与者达 858 户，综合参与度达 93.06%，群众参与度非常高。

（2）分项目参与情况

鉴于不同分项目在不同的村有可能实施或者不实施，因此，各个分项目的样本量不同。根据统计，调研的 19 个县 60 个村中，实施了道路、小型水利、入户自来水、蓄水池/水柜、危房改造、基本农田改造、设施农业和通电这几项具体项目的村的农户样本量分别是 922、757、813、755、922、362、149 和 440 农户，参与农户分别是 536、215、375、174、255、35.16 和 120 户。因此分项目中参与度最高的是道路建设，达 58.13%，其次是入户自来水项目，占样本农户比例为 46.13%；参与度较低的是设施农业和基本农田改造，分别为 10.74% 和 9.67%。从表 3-4 可以看出，基础设施建设的各个分项目农户参与度均不超过 60%，原因在于此类项目基本外包给施工队施工，需要农户参与的内容少。尽管如此，各分项目参与度仍然差异颇大则是因为项目的其他特点所致。道路、自来水项目受益对象往往是全体村民，因此项目开展得多，村里大部分农户也都参与其中；其他项目则或多或少只能由部分农户受益，因此，项目本身开展得相对较少，且仅有符合条件的农户可以参与，农户参与度也较低；而危房改造项目虽然在全部贫困村都有展开，但是由于只有贫困农户才有资格进行，因此，参与度也相对偏低。

表 3-4　基础设施建设项目参与具体项目分布情况

参与项目	道路	入户自来水	小型水利	危房改造	通电	蓄水池/水柜	设施农业	基本农田改造
样本农户	922	813	757	922	440	755	149	362
参与农户	536	375	215	255	120	174	16	35
占样本农户比例	58.13%	46.13%	28.40%	27.66%	27.27%	23.05%	10.74%	9.67%

（3）项目实施环节的农户参与度

在基础设施建设项目实施过程中，农户可能参与的环节有项目讨论、选址和路线选择、投工投劳、采购、监督以及后续维护。其中，参与环节占总样本农户比例最高的是投工投劳，达 49.02%；其次是项目的讨论，占 39.80%。主要原因在于基础设施项目耗资大，大多外包给专业施工队，可供农户参与的环节主要集中在这以上两个环节。农户参与度最低的是采购环节，参与度仅为 3.69%。原因在于采购环节基本不需要农户参与，因此参与度最低。至于监督和后续管护环节参与度也偏低，参与农户分别占总样本农户的 12.04% 和 10.63%。其主要原因在于农户的监督和后续管理意识薄弱。具体情况见表 3-5。

表 3-5　基础设施建设项目参与环节分布情况

参与环节	投工投劳	项目讨论	选址、路线选择	监督	后续维护	采购
农户数量	452	367	160	111	98	34
占总样本农户比例	49.02%	39.80%	17.35%	12.04%	10.63%	3.69%

3. 基础设施建设项目的满意度

（1）总体满意情况

参与了基础设施建设项目的 858 户中对该类项目感到满意的农户有 598 户，农户对于基础设施的总体满意度达 69.70%。

（2）农户满意原因

满意的原因主要集中在两个方面，一是该类项目方便群众，占比 60.87%；二是该类项目充分体现了群众的需要，占比达 54.35%。详见表 3-6。

表 3-6　基础设施建设项目满意原因详情

满意原因	方便群众	充分体现了群众的需要	上级组织得好，帮助多	项目整体运行透明	参与项目管理或监督	其他原因
农户数量	364	325	163	93	77	8
占满意农户的比例	60.87%	54.35%	27.26%	15.55%	12.88%	1.34%

四、广西"十二五"整村推进扶贫项目存在的问题和风险

1. 供给与需求的矛盾

扶贫资金投入依然不足，无法满足现实扶贫境遇的需要。特别是与"十一五"扶贫对比，从现阶段的西部农村贫困地区的扶贫实际情况来看，当前呈现出脱贫成本大，减贫速度减慢的特点，贫困工作的边际效益开始显现。

第一，贫困地区实施整村推进的资金来源相对单一，多数靠政府支持和帮扶，由于政府的审批制度又有严格的要求，致使资金利用率不高，效应有限。整村推进的资金主要来源于财政支持，中央专项资金和以工代赈等，而其他涉农部门资金相对有限，而且部门专项要求严格，审批环节较多，资金到位时间相对较长，很难有效整合资金，且资金及

时有效倾斜贫困村相对困难，多数贫困村分布在石漠化地区，扶贫开发工作很难有效开展，同时面临贫困人口居住分散，无法连片开发，给扶贫工作带来很大困难。

第二，贫困地区的财政力量十分有限，在融资渠道较窄的前提下，普遍面临资金需求量与上级拨款有限的普遍矛盾，资金投入力度还要进一步加大。多数贫困村自然地理环境条件较差，没有明显的区位优势，按照整村推进项目指标要求，贫困村需要投入的资金仍然较大。地方配套资金压力较大，部分贫困县自身财政收入不多，加之推进整村建设项目给力不从心的县级财政雪上加霜，这导致很多贫困村资金难以真正满足需要，这种资金少、指标高、任务多的现实情况造成贫困村的资金投入和建设目标不相适应，并且在面临上级政府检查验收的压力下，部分贫困村往往只能受困于有限财政现实窘境，推进项目往往局限于资金使用较少而放弃急需解决但资金投入加大的项目。

案例1：蒙山县"十二五"整村推进贫困村21个，共有378个自然村，总人口47013人，有贫困农户6926户25439人。对整村推进验收方案中的6大类23项指标进行全面评估，从评估情况看，蒙山县贫困村整村推进扶贫开发工作还存在以下问题：资金缺口大，基础设施和产业开发项目建设需要大量的资金，每村仅100万元的财政扶贫资金是远远不够的。尤其是偏远山区，按照4.5m宽，20mm厚建设道路还差10公里到达贫困村。按照35万元的标准，不能覆盖所有贫困户，瞄准度难以提高，基础设施不完善，群众生活需求大，多数贫困村还没有建设文化活动中心，资金投入不足，扶贫标准低，致使项目无法进行下去，加之目前物价、劳动力价格上涨，使得蒙山县整村推进规划的项目仅完成60%左右，资金缺口依然很大。

2. 资金有效整合难度大

贫困地区自身资金不足是先天不足，在项目建设中面临县级项目配套资金的压力，县级政府要整合部门的资金面临重重障碍。

第一，资金整合使用要求与部门资金专项化管理之间存在矛盾，各个部门资金是按照部门项目使用，资金的使用、项目点的设置等都有严格的规定，涉及贫困村的项目资金很难有效整合，资金整合与资金的专项化管理之间存在内在的张力，而县级政府部门并不具有决定资金投向的权力。

第二，县级政府各个部门之间缺乏有效交流沟通，一方面造成资金项目分配不平衡，出现严重的比例失调，另一方面，缺乏有效的沟通造成项目申请等重复现象，后期修改协调浪费时间和精力，甚至造成错过项目的申请批准，造成项目浪费现象。

案例 2：2012—2014 年间，防城区整村推进 2012 年开始，按照每个村安排 300 万元，行业 200 万元，村集资 100 万元，总投资 1.2 亿元，但是在县级政府部门之间整合资金十分困难。以扶贫办为例，作为扶贫开发的主力部门，但是在整村推进中资金分配不平衡，多的有 1000 多万，有的村只有 100 万元，基层很难整合资金。财政局和水利局面临部门资金的专项化问题，要求升级审批，基层很难更改使用，项目整合力不足，加之资金配套资金压力大，扶贫困难依然很大。由于面临缺乏沟通问题和受限于上级政府，难以实现部门之间沟通协调，浪费了很多精力时间去写项目村申请书，后期进行项目书修改，错过了最佳争取项目的机会。无法有效整合资金、资金专项化困境、部门之间缺乏有效沟通，资金很难有效整合、贫困村各个项目投入不平衡，贫困村发展出现严重失衡，没有实现资金优化使用。

第三，政府部门缺乏组织领导，没有强化扶贫开发规划的责任，投入分散，导致的贫困村部分建设项目处于水平低、不配套、综合效益差的窘境，财政扶贫资金、以工代赈、"一事一议"以及农业、林业、交通、水利、教育、卫生、住建等各行业的资金没有形成上层统一领导，且挂钩帮扶资金和社会捐助等方面的资源尚未整合。

3. 能人效应：村民主体性缺失，贫困户参与意识薄弱

项目建设中村民并未实现充分参与，村民对于项目建设缺乏的归属感与成就感，无论对于项目建设，还是对于项目后续的管理工作都会带来障碍。在扶贫资金总量不足、贫困人口需求得不到充分满足的情况下，无论是地方政府，还是村里的精英，都希望项目设计可以体现或者实现自己的利益。就地方政府而言，希望项目的建设尽快显现成效，完成自己的政绩考核；就村里的能人而言，希望政府的项目建设可以实现自己的利益。甚至道路可以经过自家门口，诸如此类简单的诉求等。在这种形势下，村民的参与往往流于形式，并且村民对政策落实结果的失望程度与日俱增，导致项目建设甚至项目的后续管理出现严重障碍。

案例3：天等县桃永村位于上映乡西南部，距离县城23公里，位于上映乡较边远、少数民族聚居的贫困石山村。全村辖有13个自然屯，有810户3287人，劳动力2100多人，700多人外出务工。其中贫困户349户1464人。

桃永村2011年以来，投资总额达到上千万，但是村民基本没有参与项目的任何建设，导致多数村民对项目的选择、选

址建设、实施情况、工程效果等不满意的结果，村民的公民意识落后，没有主人翁意识，村民对政策的落实结果的失望程度与日俱增，导致项目建成之后也没有归属感，致使村委与村民之间信息不对称，多数村民对项目建设意见很大，不满意程度很高。

4. 项目建设缺乏有效的监督

项目建设没有形成相应的监督体系，导致项目质量较差。在贫困地区实施整村推进过程中，各类项目缺乏有效的监督机制，村民乃至村委会没有监督权。由于缺乏技术及工人，导致项目外包容易出现漏洞，从而影响各类项目的落实。多数整村推进项目村的项目建设是由县政府、扶贫办、交通局、农业局、财政局、水利局、教育局等相关职能部门将工程外包，采用招标方式由中标单位承包建设，道路建设、水电建设、村委大楼、文化室、村民活动中心、危房改造等硬件设施多数采用这种形式建设，建设项目与承包商和施工者没有直接的利益关系，存在施工不规范现象。

案例4：马山县三联村，下辖11个自然屯，全村共有240户，人口达到1010人，其中劳动力500多人，300多人外出务工，全村耕地面积760多亩，山地7290多亩，耕地种植以玉米和黄豆为主，山地种植以山竹为主，全村主要收入来源以外出务工和种养为主。

三联村产业扶持项目为以母猪饲养和桑蚕养殖为主，分别在五困屯和土杯屯成立了两个养猪合作社，据村民反映，村民养猪的收益不明显。由于项目缺乏有效的监督和管理，致使项目在实施过程中出现不少问题，政策落实不到位，打击村民的养猪积极性。另一方面，项目建设缺乏有效的管理和监管，使得项目推进出现偏差，大大影响了扶贫效果。

5. 项目的后续管理不健全

缺乏后续管理制度。在政策顶层设计中尚未对后续管理的相关内容进行安排部署，后续管理出现空白。项目的建设是多方共同辛劳的成果，项目成效的持续发挥离不开后期的维护和不断完善，尤其是山里道路的建设，花费了大量人力、物力和财力，如果没有及时补修与完善，道路的损坏速度会不断加快，造成项目建设极大浪费。在垃圾池项目中，尤其需要项目的后续管理，没有良好的后续管理，好的项目会成为遭人唾弃的项目。在广西集中连片特困地区的调研中发现，多数项目村对项目尚未形成很好的后续管理制度和工作部署，尤其是道路维修，小型水利的保护，垃圾池的管理。在德保县泗营村，垃圾池建成之后没有保洁员，村民也没有后续管理垃圾的公约，造成垃圾池附近垃圾越来越多，附近村民的生活环境越来越差，垃圾池建设不仅没有带来村里环境的改善，甚至带来的是环境的日益变差。

案例 5：德保县泗营村地处德保县东部大石山区，是典型的贫困山村，人多地少，全村共有 7 个自然屯，405 户 1780人。全村总面积 10762.5 亩，耕地面积 1700 亩（旱地 1400，水田 300 亩），林地面积 9060 亩。现有甘蔗种植面积 700 亩，水果种植 200 亩。2012 年，全村粮食总产量 840 吨，人均产量472 公斤，人均纯收入 2603 元，2013 年人均纯收入 3200 元。

2012 年市卫生局修建了 16 个垃圾池，并成立理事会，并规定每周二早晨集体清扫，但是目前只有 1 个屯安排了保洁员。致使垃圾池附近堆放很多垃圾，周围环境严重恶化，项目建成之后没有良好的后续管理机制，致使项目成为危害生态环境的源头。有6个屯没有大铁皮垃圾桶，村民建议政府再增加6个大铁皮垃圾桶，便于运送垃圾，希望政府完善本村的排污设施，完善本村垃圾池后续管理机制。

6. 贫困瞄准机制不完善

要搞好"整村推进"的项目开发，必须提高扶贫精准度，要求将扶贫项目资金落实到户到人，组织有关部门单位对重点村逐户调查发放扶持卡，汇总重点村贫困户情况统计表，建立贫困户档案，并实行动态监测管理。但是，精准扶贫机制设计不合理，无法真正实现精准扶贫，贫困户以及贫困村的选定标准机制存在很大缺陷，尤其贫困户的选定，没有指定科学有效的依据，有限的资金不能真正用于帮扶贫困户，无法实现精准扶贫。

首先，贫困群众的识别首先就存在偏离，尽管村级的瞄准度相对于县级瞄准度已经得到了提高，但是村级开展精准识别工作的机制与方式仍然存在不科学或者不透明的现象，简单操作的识别方法不能精准确定贫困户。其次，每一个具体扶贫项目中存在瞄准度偏离的问题，对于整村推进需要农户配合的项目、劳动力转移培训项目、移民搬迁项目、产业扶持项目等，在实施过程中难免出现目标瞄准度偏离的问题，而且这种偏离主要就是非贫困户排挤贫困户，以谋取更多的项目利益。因此，贫困村贫困户精准识别工作存在制度缺陷的问题。

另外，"整村推进"扶贫开发项目尚未充分关注"留守村"的特殊性。传统的扶贫方式以促进贫困人口经济增收为主要方向。而开发式扶贫是通过大力建设基础设施，深化贫困人口就业培训制度，将贫困地区人力资源转化为人力资本，并努力实现人力资本的不断优化，引导和助推贫困人口进入市场来增加收入。但是"留守村"缺少适用这些措施的扶贫对象。主要原因是年轻劳动力大量外流，而留守在村的生产生活群体主要为"三六九"部队，因此严重缺乏劳动力，从而导致很难开展产业发展和劳动生产等活动。即便这类"留守村"有一定的基础设施建设项目，但是许多扶贫项目也很难在这类村子扎根。当前"留守村"的扶贫模式一般为统一招标交付给市场企业来运作，从而导致当地村民参与扶贫项目积极性不高，因此开发式扶贫能够部分促进"留守村"的发展，但是扶贫效益很难滴灌到当地最困难的人群①。

一方面，"留守村"的老年贫困群体比重大，但传统扶贫项目很少将这类群体纳入扶贫范畴。比如，扶贫项目缺少"留守村"老年贫困社会医疗保障以及相关社会优抚福利，导致"留守村"老年贫困人口无法得到医疗、赡养等社会服务。另一方面，"留守村"的贫困家庭子女问题突出，虽然政府出台一揽子相关补助补贴政策，在一定程度上缓解贫困家庭儿童教育、医疗等问题，但是"留守村"因为特殊复杂的客观条件，经济补助对于贫困家庭儿童帮助是远远不够的，尤其是外出务工的家庭，这些问题表现得更为突出。老人和儿童这两个特殊群体是"留守村"中最贫困的群体，在扶贫规划中还需立足于实际、体察民情，补充必要的针对性措施②。

此外，传统的"整村推进"项目也很少关注到扶贫项目的治理问题，尽管扶贫项目一直强调要实现精准，并且采取了相应的措施，但也难以奏效。例如，留守村"的老人和儿童几乎没有或很少有机会关注到透明公开是最针对在扶贫项目中以权谋私问题的措施。

五、结论与思考

项目制作为国家治理的一种重要手段，旨在用一种程序化、标准化

---

① 王晓毅. 以精准扶贫打破留守与贫困的因果链 [J]. 国家治理，2015（30）：37-42.
② 王晓毅. 以精准扶贫打破留守与贫困的因果链 [J]. 国家治理，2015（30）：37-42.

的资金分配及使用方案解决从中央到地方的公共产品供给问题，体现了国家统筹城乡发展、关注民生、推进全面建成小康社会的治理理念。但是项目制在扶贫开发治理的基层实践过程中效果的差异化，需要进一步改善。这种模式基于"项目制"为主要发展方式，其中政府作为主导力量，能够大力发展集中连片特困地区的基础设施建设，并且能大力开展产业扶贫项目，极大解决贫困地区中经济发展的桎梏，促进当地农民脱贫致富①。该模式的不足之处有：扶贫对象瞄准性低，扶贫项目运行中容易产生"暗箱操作、以权谋私"等腐败问题。例如，在"整村推进"过程中，扶贫项目缺少有效的治理，虽然扶贫项目以目标为导向，具有一定完善措施体系和透明公开体制机制来克服以权谋私的问题，但这类监督和公开体制机制很难在"留守村"发挥实际的作用，这是因为"留守村"主要为老年和儿童，这类群体很少涉及这类问题。

另外，项目制治理模式由于是"政府主导"进行的，容易导致"政府全揽"，造成地方政府追求政绩的短期行为，忽视贫困农户的主体性、利益诉求和自我发展能力的培养，强化其对政府和基层行政组织的依赖性。我国自上而下层级金字塔体系架构中，贫困群体作为基层主体，中央的红利很难传导到这类基层主体中。根据我国的扶贫实践可以看出，扶贫项目本质上属于行政性的任务摊派，农村人口是在行政压力的传导下参与扶贫项目，导致原本扶贫项目民生性质减弱。特别是地方政府通过行政力量强势介入和改造，导致贫困人口成了政绩工程之一，甚至会导致二次贫困。贫困人口的脱贫致富是一项长期性、重要性的国家战略，我国需要重塑脱贫攻坚中的体制机制，提高贫困人口的主体地位，增强贫困人口自我组织能力，激发其内生动力，逐步让国家战略导

---

① 姚卫．西部扶贫模式研究的文献综述［J］．中国民航飞行学院学报，2012，23（4）：74-77．

向和贫困人口的根本利益深度融合，促使贫困群体成为脱贫攻坚的最终和直接受益人，这是我国未来脱贫攻坚工作的重要导向和战略目标。

第三节　东西部扶贫协作和对口帮扶集中力量办大事治理的运行机制——基于粤桂扶贫协作的实践分析①

一、东西部扶贫协作和对口帮扶问题的由来

由于历史和地理因素的原因，我国西部地区长期落后于东部沿海地区，我国的国定贫困县，绝大部分属于中西部的少数民族地区、革命老区、边疆地区和山区，贫困状况非常严重，而东南沿海地区，借助改革开放的春风及传统历史地理优势，实现了经济高速发展。因此，邓小平同志提出：沿海地区要加快对外开放，使这个拥有两亿人口的地带较快地发展起来，从而带动内地更好地发展，这是一个事关大局的问题。内地要顾全这个大局。反过来，发展到一定的时候，又要求沿海拿出更多力量来帮助内地发展，这也是一个大局。那时候沿海也要服从这个大局。②。特别是1992年南巡讲话中提出，"社会主义的本质是解放生产力、发展生产力，消灭剥削、消除两极分化，最终达到共同富裕"。1996年，国务院办公厅提出："经有关地方政府同意，确定由北京市与内蒙古自治区，天津市与甘肃省，上海市与云南省，广东省与广西壮族自治区，江苏省与陕西省，浙江省与四川省，山东省与新疆维吾尔自治区，辽宁省与青海省，福建省与宁夏回族自治区，大连、青岛、深圳、

---

① 数据于2019年1月在广西扶贫办调研材料时整理.
② 邓小平. 邓小平文选（第三卷）[M]. 北京：人民出版社，1993.

宁波市与贵州省，开展扶贫协作。"①

2016 年 12 月，中共中央办公厅、国务院办公厅印发《关于进一步加强东西部扶贫协作工作的指导意见》中明确了新的调整后的区域对口帮扶关系，在加强结对关系的前提下，全面实现发达地区对于民族自治州和西部贫困地区的深度融合和覆盖，深化落实北京市、天津市与河北省作为对口主体的扶贫任务。调整后的结对关系更加深入和完善②（如表 3-7 所示）。

表 3-7　调整后对口帮扶地区

发达地区	对口帮扶扶贫地区
北京市	内蒙古自治区、河北省张家口市和保定市
天津市	甘肃省、河北省承德市
辽宁省大连市	贵州省六盘水市
上海市	云南省、贵州省遵义市
江苏省	陕西省、青海省西宁市和海东市
苏州市	贵州省铜仁市
浙江省	四川省
杭州市	湖北省恩施土家族苗族自治州、贵州省黔东南苗族侗族自治州
宁波市	吉林省延边朝鲜族自治州、贵州省黔西南布依族苗族自治州
福建省	宁夏回族自治区
福州市	甘肃省定西市
厦门市	甘肃省临夏回族自治州
山东省	重庆市
济南市	湖南省湘西土家族苗族自治州

① 李勇．中国东西扶贫协作的政策背景及效果分析［J］．老区建设，2011（14）：33-36.

② 中共中央办公厅，国务院办公厅．关于进一步加强东西部扶贫协作工作的指导意见［Z］．2016-12-7.

发达地区	对口帮扶扶贫地区
青岛市	贵州省安顺市、甘肃省陇南市
广东省	广西壮族自治区、四川省甘孜藏族自治州
广州市	贵州省黔南布依族苗族自治州和毕节市
佛山市	四川省凉山彝族自治州
中山市和东莞市	云南省昭通市
珠海市	云南省怒江傈僳族自治州

东西部扶贫协作和对口支援，是促进区域间的协调发展、合作发展和共同发展，扩大开放合作，优化产业布局，先富带动后富，最终实现共同富裕。主要目标是通过双方的合作发展，保证 2020 年西部地区的贫困人口实现脱贫，解决区域性整体贫困①。本节研究选取以粤桂扶贫协作的实践历程为案例，对粤桂扶贫协作 20 年来的扶贫成就进行梳理分析，探讨粤桂扶贫协作取得巨大成就的多方保障因素动员协同模式，科学提出粤桂扶贫协作的优化路径，并为东西协作扶贫治理的运行机制提供参考和经验。

二、东西部扶贫协作和对口帮扶的集中力量办大事的社会动员理论基础

（一）背景与意义

决胜全面建成小康社会，消除贫困、改善民生、逐步实现共同富裕，是社会主义的本质要求，是中国共产党的历史使命。打赢脱贫攻坚战决胜全面小康，要坚持全国一盘棋。决胜的关键也在合力，集中力

---

① 中共中央办公厅，国务院办公厅．关于进一步加强东西部扶贫协作工作的指导意见 [Z]．2016-12-07.

量，才能保证重点；集中资源，才能实现突破。党的十九届四中全会首次系统地提出了中国特色社会主义制度和国家治理体系具有十三个方面的显著优势，其中有坚持全国一盘棋，调动各方面积极性，集中力量办大事的显著优势。东西扶贫协作与对口帮扶，即坚持全国一盘棋，由党中央总揽全局、协调各方，调动各方面积极性，组织东部地区较发达的省市对口帮扶西部贫困地区，集中力量办好扶贫开发大事。习近平在党的十九大报告中强调："深入实施东西部扶贫协作，重点攻克深度贫困地区脱贫任务，确保到 2020 年我国现行标准下农村贫困人口实现脱贫，贫困县全部摘帽，解决区域性整体贫困，做到脱真贫、真脱贫。"① 完成脱贫攻坚目标任务后要保持脱贫攻坚政策稳定，要严格落实摘帽不摘责任、摘帽不摘政策、摘帽不摘帮扶、摘帽不摘监管的要求，② 全面建成小康社会后必须继续深化优化东西部扶贫协作机制，习近平总书记2020 年 3 月 6 日在决战决胜脱贫攻坚座谈会上的讲话强调，"要深化东西部扶贫协作和中央单位定点扶贫。长远看，东西部扶贫协作要立足国家区域发展总体战略，深化区域合作，推进东部产业向西部梯度转移，实现产业互补、人员互动、技术互学、观念互通、作风互鉴，共同发展"③。东西部扶贫协作和对口支援，是推动区域协调发展、协同发展、共同发展的大战略，是加强区域合作、优化产业布局、拓展对内对外开放新空间的大布局，是打赢脱贫攻坚战、实现先富帮后富、最终实现共同富裕目标的大举措，是颇具中国特色的一种减贫治理模式，充分彰显了我国集中力量办大事的政治优势和制度优势。因此，在新的历史背景下，研究创新东西部扶贫协作和对口支援的集中力量办大事治理模式运行机制非常必要。

① 党的十九大报告辅导读本 [M]. 北京：人民出版社，2017：46.
② 习近平. 在决战决胜脱贫攻坚座谈会上的讲话 [N]. 人民日报，2020-03-07 (2).
③ 习近平. 在决战决胜脱贫攻坚座谈会上的讲话 [N]. 人民日报，2020-03-07 (2).

　　集中力量办大事作为我国国家治理的一种重要手段，多年的实践经验表明，集中力量办大事已经解决了我国公共治理领域诸多疑难杂症，使我国办成了许多其他国家难以办成的大事，这必然蕴含着值得探讨的内在规律。对口支援和东西部扶贫协作作为国家治理体系中资源整合的一种重要方式，本节拟以粤桂扶贫协作作为分析对象探索扶贫协作和对口支援的集中力量办大事治理运行机制演变过程及规律并对之进行系统整理和模式提炼，展开深入细致的案例剖析和探索讨论，总结治理经验和规律，建构科学的对口支援和东西部扶贫模式与运行机制的理论分析范式，提炼集中力量办大事协作治理的中国模式，并提出具有学理性、前瞻性和操作性的对策和建议，并为客观评估并推广这种富有特色的"中国之治"的减贫治理模式提供实证支持。

　　（二）东西部扶贫协作和对口帮扶的协同治理体制与集中力量办大事的社会动员的理论逻辑

　　集中力量办大事是中国特色社会主义独有的动员和组织机制，政府通过"动员型"的组织方式集中配置资源来共同完成某类目标。我国特别是在重大基础建设方面非常普遍地采取集中力量办大事治理模式，但是学界中将东西部扶贫协作和对口帮扶上升到组织动员运行机制层面的研究非常少。

　　近年来，广西壮族自治区聚焦深度贫困地区深入推进脱贫攻坚战，取得巨大的成就。根据广西区内的脱贫攻坚战的经验，广西本土学者也关注到本土脱贫攻坚中集中力量办大事的运行机制。笔者以广西东巴凤大会战建设为例，探究集中连片特殊困难地区基础设施建设大会战模式的实践意义、运行机制及绩效评估，形成了一系列成果。在《集中连片特殊困难地区基础设施建设大会战模式的生成逻辑与可行性分析》（2013）中提出了基础设施建设大会战模式，认为政府主导的"大会战"模式可以充分发挥社会主义国家能集中力量办大事的制度优势，利用国家权威和政府强大的政治动员能力对社会各界、各种资源进行必要的动员和整合，集中必要的人力、物力、财力进行效果较为显著的基础设施供给。从广西的实践来看，以大会战的治理模式集中资金、集中力量、集中时间开展基础设施建设大会战，对特困区域的基础设施供给进行综合治理，不仅十分必要，而且切实可行，这是符合广西实际、有效解决连片特困区域贫困问题的扶贫开发最佳方式。笔者又在《跨部门协同视野下的组织化动员运行机制研究——以广西集中连片特殊困难地区基础设施建设大会战为例》（2014）中认为基础设施建设大会战是我国基础设施"集中动员式"供给的一种惯性、常态模式，是符合中国国情和政治语境的国家治理范式。而广西在实际应用当中，这种超常规、破制度、跨专业界限的国家运动方式进行公共服务和产品的供给，发挥了"社会主义制度集中力量办大事的优势"。

另外，谭英俊、韦荣锋在《实施大会战扶贫模式的经验与启示——基于广西实施东巴凤基础设施建设大会战的个案研究》（2015）中认为大会战模式有效解决了河池贫困地区的基础设施问题，大会战扶贫模式不仅仅是对新阶段扶贫工作的有效探索与创新，更是体现了党坚强组织领导下集中力量办大事的显著优势。胥春雷、陈杰在《新农村基础设施建设中的组织动员机制研究》（2009）中认为农村基础设施建设进程中除了要继续坚持国家动员机制为主导的原则外，社会动员机制作为组织动员机制的有机组成部分，只有让其充分发挥效能，才能达到事半功倍的效果。

脱贫攻坚战是啃硬骨头、攻坚拔寨的冲刺阶段，采用常规的思路和办法、按部就班很难完成这一任务。东西部扶贫协作，即在东部与西部之间搭建一座桥梁，组织东部地区较发达的省市通过桥梁将先进的生产技术、经营理念、产销渠道等对口输送、帮扶西部贫困地区，这被认为是扶贫开发方式中很有效解决贫困问题的、颇具中国集中力量办大事治理模式特色的一种扶贫方式。

大会战治理模式是一种跨部门、跨领域的协同治理实践。跨部门协同是"整体政府"下的一种新型管理模式,打破了条块分割的组织诟病和自我封闭的状态,强化政府之间的合作和协调,促进政府功能的整合及部门之间资源的共享,从而整合配置资源,降低交易费用、提高整体效能。广西所举行的集中连片特殊困难地区基础设施建设大会战是一种政府跨部门协同的运动,具有强烈的组织化动员的特征,体现了社会主义制度集中力量办大事的优势,在整体政府框架下把政府官僚组织系统一切积极因素调动起来,集中必要的资源进行公共物品的有效供给模式,是一种以权威为依托的等级制纵向协同(温顺生,2014)。这是将大会战生产建设方式上升到机制研究的重要尝试,但是相关研究较少,由此可见,这将是未来对大会战方式进行研究的学术方向所在。

脱贫攻坚战的集中力量办大事治理模式为解决贫困问题展示了"中国智慧"。因此,在新的历史背景下,研究东西部扶贫协作模式的协同治理机制创新非常有必要。

三、粤桂扶贫协作的协同治理体制与集中力量办大事实际运作过程

(一)粤桂扶贫协作的历史逻辑

表3-8 粤桂两省扶贫协作的结对名单①

广东省		广西壮族自治区	
市	县(市、区)	对口市	国定贫困县
江门市	蓬江区	崇左市	天等县
	鹤山市		龙州县
	新会区		宁明县
	江海区		大新县

---

① 广东省人民政府,广西壮族自治区人民政府. 关于进一步加强粤桂扶贫协作工作的意见 [Z]. 2017-10-15.

续表

广东省		广西壮族自治区	
市	县（市、区）	对口市	国定贫困县
茂名市	电白区	南宁市	马山县
	高州市		上林县
	化州市		隆安县
	信宜市	来宾市	忻城县
	茂南区		金秀瑶族自治县
深圳市	福田区	河池市	罗城仫佬族自治县 环江毛南族自治县
	宝安区		都安瑶族自治县 大化瑶族自治县
	龙华新区		凤山县　东兰县
	大鹏新区		巴马瑶族自治县
	罗湖区	百色市	西林县　隆林各族自治县
	盐田区		凌云县　乐业县
	南山区		田阳区　德保县
	龙岗区		靖西市　那坡县
	光明新区		田林县
	坪山新区		田东县
肇庆市	高要区	桂林市	龙胜各族自治县
	端州区		资源县
	四会市	贺州市	富川瑶族自治县
	鼎湖区		昭平县
湛江市	廉江市	柳州市	融水苗族自治县
	遂溪县		融安县
	吴川市		三江侗族自治县

广东省和广西壮族自治区的友好合作历史悠久，在扶贫协作领域，广东和广西早在 1996 年就拉开了两广扶贫的序幕。自 1996 年以来，广东广西（以下简称"粤桂"）两省区积极开展了易地安置、扶贫开发示范村建设、经贸协作、劳务合作、教育帮扶、结对帮扶、干部培训与交流、职教协作、产业协作等一系列扶贫协作活动，取得了显著成效。1996 年，党中央、国务院做出了经济较发达地区与经济欠发达地区开展扶贫协作的战略部署，确定广东帮扶广西，从此拉开了粤桂扶贫协作的序幕。同年 10 月 10 日，两省区书记、省长（主席）就粤桂扶贫协作工作进行了座谈，形成了《两广负责同志座谈纪要》，提出了从异地安置、劳务合作、企业合作、人员培训、结对帮扶等方面开展扶贫协作，确定了粤桂扶贫协作基本框架。此后，两省区领导和各有关部门加强联系，狠抓各项帮扶协作的落实，在广东大力帮助下，2000 年广西全面完成了"八七"扶贫攻坚计划，在此基础上，两省区政府签订了《2000 年至 2002 年两广扶贫协作计划纲要》，继续把扶贫协作推向前进，尤其是加大了经贸合作的力度。2004 年，两省区政府签订了《关于全面加强两省区合作的协议》，粤桂扶贫协作领域进一步拓宽到交通、环保、教育、卫生、建设等多个方面，开展了全方位的合作。2006 年，广东、广西两省区开展了扶贫协作十周年纪念活动，两省区书记、省长（主席）出席了活动，同时签订了《"十一五"时期广东广西扶贫协作计划纲要》。2011 年，两省区政府在广州签署《"十二五"时期广东广西扶贫协作计划纲要》，粤桂扶贫协作的力度、广度较"十一五"时期有较大增加。"十二五"时期，广东省（广州市、东莞市）每年安排 3500 万元财政资金无偿支援广西壮族自治区百色市、河池市开展整村推进扶贫开发项目建设，援助资金较"十一五"增幅 75%；在劳务输出方面，广东省是吸收广西外出劳动力的最大省份，2015 年广西壮族自治区在粤务工人员达 647.9 万人，"十二五"期间广西赴广东务工劳动力新增 407.9 万人；在经贸协作方面，"十二五"两广共实施经贸合作项目 8423 个，到位资金（含续建到位资金）突破 1 万亿元，除此之外，广东大力开展直接资金捐助，截至 2015 年年底，广东省各级政府和有关部门、社会各界共捐款（含实物折款）15.15 亿元，其中政府拨款 9.82 亿元，社会捐款捐物 5.33 亿元。2017 年粤桂签署了《"十三五"时期扶贫协作框架协议》，广东省重点帮扶广西壮族自治区开展扶贫工作；2018 年粤桂达成共识，共同签署扶贫协作备忘录，进一步明确了扶贫协作的工作目标。[①] 两省区联合出台《粤桂扶贫协作和区域合作工作清单（省级层面）》，确定产业协作等 13 个重点工作、40 项具体协作事项。

多年来广东省对口广西壮族自治区合作在教育、交通、旅游、文化、卫生等领域的稳步推进、协作紧密，形成多层次、多领域、多渠道、多形式的合作新格局，各个方面给予广西壮族自治区的大力援助，改善了广西壮族自治区贫困地区基础设施及科、教、文、卫等条件，有力促进广西的扶贫开发工作，推动广西经济社会又好又快发展，筑牢了两省区干部群众的军民鱼水情，有力地促进民族团结、边疆巩固和社会和谐。

（二）党的十八大以来粤桂扶贫协作的协同治理体制与集中力量办大事的实践逻辑及成效

1. 加强组织领导，高位谋划推动。

东西部扶贫协作和对口支援涉及跨省区各级党委政府、跨各部门的合作问题，往往会陷入公共政策执行原子化、碎片化的"囚徒困境"状态中，这就需要从体制机制上加以保障和推动。防止公共政策过程中

---

① 韦继川. 携手共圆小康梦——粤桂推动东西扶贫协作纪实 [N]. 广西日报，2018-06-13（1）.

各个环节出现碎片的状况,可以根据我国现有公共政策执行的制度环境,采取"高位推动—层级性治理—多属性治理"运行机制,以政府部门纵向横向多向协调、合作,实现资源整合及多方密切沟通达成共识的执行方式,实现资源互通、有效配置及信息快速有效共享,不至于让"政策梗阻"和"政策失真"出现的频率影响到政策良好的执行,确保公共政策目标和绩效的实现或者超出预期,这一系列内容呈现出中国在公共政策执行方面形成自己的特色①。在中国当前的国体、政体和历史积累形成的政治文化等背景下,执行各地域、各级公共管理层次的政策过程中,"高位推动"是符合中国现实的治理模式,也是长期实践经验总结形成的有效手段,符合以中国共产党为领导核心的当代中国公共政策执行机制②。

领导高度重视,是做好粤桂扶贫协作的基本前提。二十年来,两省区领导都高度重视扶贫协作工作,把它列入党委、政府的重要议事日程,加强组织领导,高位谋划推动。广东省历届党委、政府把帮扶广西视为己任,认真开展调查研究,积极探索扶贫协作的有效方式和渠道。粤桂各级党委和政府把打赢脱贫攻坚战作为重大政治任务,增强政治担当、责任担当和行动自觉,适当增压、负压,坚定政治立场,压实各级责任,通过强化政治站位,强化与完善领导责任制,确保扶贫协作工作的有效执行。广西壮族自治区历届党委、政府把粤桂扶贫协作作为加快自身经济社会发展的重大机遇,认为广东省帮扶广西,大量的工作在广西,一定要把工作做好。两省区历届党政主要领导亲自研究决定扶贫协作的重大事情,共同确定行之有效的扶贫协作协议、计划和政策措施。专门成立对口支援协作工作领导小组,指定两省区各有一位副省长、副

---

① 贺东航,孔繁斌. 公共政策执行的中国经验 [J]. 中国社会科学,2011 (5).
② 贺东航,孔繁斌. 公共政策执行的中国经验 [J]. 中国社会科学,2011 (5).

主席具体分管粤桂扶贫协作。广东省历任省委书记（中共中央政治局委员）谢非、李长春、张德江、汪洋、胡春华，历任省长卢瑞华、黄华华、朱小丹，历任分管副省长高祀仁、张高丽、欧广源、卢钟鹤、李容根、刘昆、邓海光等同志，经常牵挂广西贫困地区经济社会发展，数次亲临广西扶贫攻坚前线，调查、了解帮扶情况，研究、解决帮扶协作中的困难和问题。全国扶贫状元、原广州市政协主席陈开枝不辞劳苦，20年来95次到广西壮族自治区百色市调查研究、访贫问苦，为贫困地区人民办了数也数不清的好事、实事，深得广西特别是百色市各族干部群众的衷心爱戴。广西壮族自治区历任党委书记赵富林、曹伯纯、刘奇葆、郭声琨、彭清华，历任广西壮族自治区主席李兆焯、陆兵、马飚、陈武，历任广西壮族自治区党委分管领导陈辉光、马庆生、马铁山、陈际瓦、危朝安、李克，历任广西壮族自治区副主席奉恒高、周明甫、陈章良、黄世勇等同志先后率队到广东考察学习，通报粤桂扶贫协作情况，研究帮扶事宜，共商协作大计。2011年12月，两省区党委、政府主要领导在北京签订《"十二五"粤桂战略合作框架协议》，进一步加大广东省对口支援广西壮族自治区扶贫工作力度，把粤桂扶贫协作引向深入。2013年5月，广西壮族自治区党委书记彭清华，自治区主席陈武率广西壮族自治区党政代表团赴广东学习考察，与广东签署了一系列关于进一步深化合作的文件。同年8月，中共中央政治局委员、广东省委书记胡春华和广东省省长朱小丹率广东省党政代表团到广西考察交流。领导的重视和支持，进一步增强了广西壮族自治区各级政府做好粤桂扶贫协作的信心和动力。

十九大后粤桂扶贫协作进入了一个新的历史时期。广西壮族自治区党政主要负责人亲力亲为，主动与广东省对接，推动工作落实。2018年5月7至8日，自治区党委书记鹿心社、自治区主席陈武率广西壮族自治区党政代表团赴广东省考察粤桂扶贫协作工作，并在广州市联合召开了粤桂扶贫协作第三次联席会议，两省区共同签署了《2018年粤桂扶贫协作重点工作备忘录》。7月13至14日，中央政治局委员、广东省委书记李希，广东省省长马兴瑞率广东党政代表团来广西考察调研，推动项目落地、工作落实。① 广西壮族自治区党政有关负责同志率队赴广东省开展对接，协商解决有关问题，推进相关工作。2018年广西壮族自治区党政领导到广东省调研对接750人次（省级16人次、地厅级158人次），广东省党政领导到广西壮族自治区调研对接1540人次（省级18人次、地厅级130人次）。粤桂联合召开高层联席会议3次。广西壮族自治区召开专题工作会议5次，各结对市、县召开党委常委会84次、政府常务会107次、扶贫开发领导小组会议80次。广西壮族自治区制定《粤桂扶贫协作三年行动方案（2018—2020年）》。2018年7月30日，两省区在广西天等县召开粤桂扶贫协作工作推进会，总结并推进粤桂扶贫协作工作，推广天等县扶贫车间建设等经验典型。两省区政府分管领导出席会议，广东5个结对市、广西壮族自治区8个结对市和33个结对贫困县及两省区的省（区）直主要协作部门参加会议，两省区联合召开扶贫协作工作推进现场会在全国是首创。

2. 扩大结对帮扶，深化携手奔小康

行政包干制是我国顶层设计分解成具体政策子目标后由各个执行主体分别承接执行的治理制度②。其广泛用于各项国家治理活动中，尤其是关系到重大国计民生项目。行政包干制一般是指上级作为发包方，向作为承包方的下级分配任务，按照"承包协议"要求完成所承接的任

---

① 王海波. 小康路上"粤"来越好——2019年粤桂扶贫协作综述［J］. 当代广西，2020（1）：28-29.

② 杨华，袁松. 行政包干制：县域治理的逻辑与机制——基于华中某省D省的考察［J］. 开放时代，2017（5）.

务①。粤桂扶贫协作中所形成的结对子帮扶实际上就是我国独特的一种基层治理方式。

两省区采取市（区）县结对包干扶贫，为贫困县排忧解难。二十年来，在扎实做好省、市层次对口扶贫协作的同时，粤桂将扶贫协作向城区、乡镇延伸，初步建立多层次、立体化的结对帮扶模式。广西壮族自治区 33 个贫困县与广东省 26 个县（市、区）自建立结对帮扶关系以来，双方加强互访对接，深化结对帮扶，不断加大扶贫协作力度，积极推动扶贫协作各项工作落地开展，携手奔小康成效明显。对贫困状况严重的百色市和河池市，广州市政府协调所管辖的区（市）力量对口帮扶百色市所管辖的 12 个县（市、区），东莞市政府协调所管辖的区（市）力量对口帮扶河池市所管辖的 11 个县（市、区），使粤桂扶贫协作纵深推进，取得更大的帮扶成果。广东省有关区（市、镇）认真组织开展结对帮扶工作，千方百计帮助结对的贫困县解决困难。据不完全统计，20 年来广州市、东莞市及两市有关城区（镇）政府和有关部门、社会各界给百色市、河池市有关县（市、区）捐款（含实物折款）7.67 亿元，实施了一大批基础设施和社会服务项目，项目涉及村级道路、水电、医院、学校等，合作兴办了一批企业。市（区、镇）县结对帮扶，为广西贫困县办了许多实事好事，加快了脱贫致富步伐。

2018 年 11 月 5 日至 6 日，国务院扶贫办在广西河池市举办了全国携手奔小康培训班，其中选定东兰县、巴马县、凤山县 3 个贫困县的 6 个粤桂扶贫协作示范点作为参观点，东兰县作典型经验发言。2018 年广西壮族自治区结对贫困县主要负责同志到广东省结对县调研对接 33 个，县级负责同志到结对县调研对接 108 人次；广东各结对县（市、

---

① 田先红. 条块体制下县域政府的动员机制——以 A 县阶段性重点工作为例 [J]. 求索，2019（6）.

区）主要负责同志到广西壮族自治区结对贫困县调研对接 33 个，县级负责同志到结对县调研对接 157 人次。广东省 99 个镇（街）、106 个村（社）结对帮扶广西壮族自治区 108 个贫困乡（镇）、149 个贫困村，协调广东省实力较强的 148 家企业结对帮扶广西壮族自治区 214 个贫困村。广西在与广东省的幼儿园、小学、初中学校结对的基础上，于 2018 年 11 月 28 日在南宁召开粤桂教育帮扶工作对接会，组织广东 33 所普通高中和 17 所职业院校与广西贫困地区 33 所普通高中和 18 所职业院校签订"一帮一"结对帮扶协议。目前广西落实 173 家学校与广东 179 家学校签订协议结成对子，实现各类型学校结对帮扶全覆盖。对接广东省新调整 33 个医院与我区 33 个贫困县的县级综合医院建立结对帮扶关系，截至到 2019 年，广东省安排 95 家医院结对帮扶广西贫困地区 92 家医院。据统计，粤桂扶贫协作投入结对贫困县财政援助资金达 10.59 亿元，携手奔小康惠及贫困人口 82.49 万人，帮助贫困人口脱贫 38.43 万人。

3. 构建与创新粤桂扶贫协作机制

自 2004 年两省区政府关于全面加强合作的协议签订以来，两省区在经贸产业互补、劳务输出、人才培养、教育协作、消费扶贫、医疗协作、社会扶贫协作等多个方面加强了协作。

（1）加强人才交流，提高脱贫攻坚能力

为广东挂职干部搭建平台，提供条件和服务保障，解决挂职干部的后顾之忧。比如，广西壮族自治区柳州市出台《柳州市关于落实粤桂扶贫协作挂职干部服务保障和管理工作的实施办法》，为广东帮扶工作组安排 30 万元工作经费，对县处级挂职干部按每人每月 2000 元给予生活补贴。干部人才方面，2018 年广西共向广东选派挂职交流干部 116 人次，其中县处级 43 人次；广东省向广西选派挂职干部 81 人次，其中地厅级 3 人次、县处级 39 人次，安排分管（协管）扶贫协作挂职干部

50 人。广西壮族自治区向广东省选送专业技术人才 1492 人次，广东省向广西壮族自治区选派专业技术人才 893 人次。已经超额完成两省区协议的干部人才交流任务。此外，广西壮族自治区联合广东省举办 3 期广西壮族自治区脱贫攻坚（乡村振兴）驻县工作队长培训班，培训人数近 220 人次。在广西百色干部学院举办 1 期广东省扶贫协作挂职干部培训班，培训近 80 人次。2018 年全区共培训党政干部 8178 人次、专业技术人才 15997 人次，输出（引进）技术 261 项。教育协作方面，广西壮族自治区与广东省签订《粤桂教育协作框架协议（2018—2020 年）》，加强在教育协作、支教工作、互派交流和职业教育等领域的交流与合作。引入广东帮扶教育项目资金 3.14 亿元，援建河池大化易地扶贫搬迁新城深圳小学、南宁马山电白小学等 16 所小学；发动广东企业和社会团体为我区贫困地区捐资助学资金达 2731 万元、文化用品约 12 万件。广西壮族自治区选派教师骨干到广东省学校跟岗学习 1005 人次；协调广东省派出优秀教师到广西支教 382 人次。医疗协作方面，联合开展医疗相关培训累计 80 余期，培训医务人员超过 3500 人次；共推广开展新技术 40 余项，明显提升贫困县医院眼科、放射科、神经外科等专科水平，填补了当地的技术空白。联合广东省各帮扶地区、各有关医疗机构专家深入村屯为 6000 余名贫困群众义诊。目前，广西已选送 472 名医务人员到广东结对医疗机构进修学习，广东也派出 478 名优秀医卫人员到 33 个贫困县驻点开展帮扶工作。

通过培训和挂职交流，广西干部系统学习了"三农"工作、扶贫开发、可持续发展等方面的政策理论，学习了经贸合作、劳动力市场管理等多方面的理论知识和管理经验，拓宽了视野，增长了才干，转变了观念，增长了才干，提高了综合素质和管理能力，为广西贫困地区干部队伍建设注入了新的活力。不少干部把学到的先进管理理念和知识运用到实际工作中去，做出了显著成绩，促进了贫困地区改革开放和经济社会的发展。

（2）支持易地安置模式扶贫

为尽快帮助广西大石山区贫困群众摆脱恶劣环境困扰，解决温饱问题，1996—2005 年，广东省无偿援助达 4 亿元资金，协助广西逐步开展易地扶贫搬迁和做好安置点后续公共设施建设工作。在广东省大量资金帮扶下，广西壮族自治区百色市、河池市按照"迁得出，住得下，能发展"的要求，在各方自然条件较好的地区，政府出资补贴建起砖瓦结构住房，实现"通水、通电、通路"，建起 13 个易地扶贫搬迁安置点，把百色市和河池市人均耕地不足 0.3 亩，地方自然条件恶劣，一方水土不能养一方人的大石山区的约 1.64 万户 8 万多贫困群众搬迁至安置点，妥善解决了儿童上学、移民就医等问题，建立和发展了主导产业，使安置群众的收入不断增加。据历史资料记载，13 个易地安置开发区，种植水稻、旱谷等粮食作物 17.3 万亩，种植甘蔗、八渡笋等经济作物和经济果林木 42 万亩；修建安置点各类道路 1599.7 公里，修建饮水工程 2891 处，架设输电线路 230 公里，建成移民稳固住房 14984 户（户均 25 平方米以上），建成学校 90 所、卫生室 74 所。被困在大山里的贫困群众，经过几年的辛勤耕耘、发展重建，告别了贫困。易地安置点群众对广东的帮扶感激不已，用各种方式表达自己的诚意，如在新屋贴上对联"昔日困在大石山五祖十辈不温饱，如今移到新福地三年两载就脱贫"，横批"感谢广东"。

（3）参与整村推进扶贫模式。

从"十一五"以来，广东省帮扶整村推进扶贫开发示范村建设在各个年度粤桂扶贫协作中占据较大比重。据广东省扶贫数据统计，2006—2015 年，广东省无偿提供财政扶贫资金约 3.7 亿元，重点支持广西壮族自治区百色和河池的 216 个贫困村的扶贫项目开发，加大建设农村基础设施，比如修建村屯道路、翻新危房、修建沼气池、蓄水池等项目，此外还附加修建了民生基础设施，比如文化室、篮球场、公共场所等，并且大力开展农业产业开发和农民技能培训项目等。据不完全统计，仅"十二五"广东帮扶示范村的建设项目，累计修建村屯道路110条164.55公里；修建人畜饮水工程30处，猪牛栏集中整治162间，建垃圾处理池131个，农户改厨改厕1065户；改建（重建）危房、民房、立面装修4232户；修建农民文化活动室68间，修建篮球场65个，建凉亭14座，村屯环境绿化15230平方米；大力扶持特色优势产业发展，其中种植业41950亩、养殖大牲畜1670头、小牲畜25120羽；开展农民实用技术培训185期，累计受训人员达9500人次；示范村项目受益农户11248户44427人。广东省对于广西大力的投入资金和基础设施建设项目，促使广西百色市、河池市整体基础设施条件得到逐步提升和完善，基本解决了贫困民众基本公共服务问题，实现了45个帮扶示范村全体脱贫。并且帮扶兴建的贫困村在房屋建造及基础设施标准、扶贫产业发展模式、扶贫项目实施管理等方面的示范作用，为其他贫困村的扶贫开发提供了宝贵的经验。

（4）大力推进劳务就业扶贫协作模式促进就业脱贫。

二十年来，两省区各级党委和政府重视通过劳务输出解决农民增收问题，把劳务输出作为两广扶贫协作的主要内容之一，在政府牵头，结合用工企业提出诉求的基础上，以传统外出务工时期集中大规模安排和其他时段零散灵活接收等方式，安排广西贫困地区劳动力前往广东各个经济发达地区外出务工。

①制定劳务合作的优惠政策。广东省制定和落实有助于广西劳动力在粤就业的帮扶政策和措施，并且就两广劳务合作的常态化出台各项政策文件，加快了广西贫困地区劳动力到广东的有序流动。如在广东省的支持帮助下，广西在广东省设立驻粤劳务办事处，各个市设立劳务服务站，针对劳务输出必需的技能培训、就业渠道拓展和劳动保障等各项劳

务服务工作按规划有序开展。2013年8月，两省区人力资源社会保障厅签署了《粤桂人力资源社会保障工作合作框架协议》，进一步加大两地技能人才、劳务输出、家政服务、异地医保结算、劳动者维权等方面的合作。

②开展劳务对接。每年由国家劳动和社会保障部发起、专门为进城农民工提供就业服务"春风行动"期间，广西壮族自治区邀请广州市、深圳市、佛山市、杭州市、珠海市等地多家企业到全区各地开展现场招聘，有效地促进了农村富余劳动力的转移就业。同时做好劳动力技能培训，如东莞市经协办与河池市扶贫办共同搭建就业培训平台，由东莞市经协办以政府购买形式依托广东智通人才连锁股份有限公司（河池分支）的培训资源，采取"订单培训、定向就业"的培训模式，动员贫困地区劳动力参与扶贫技能培训，培训内容以广东企业需求量较大电子产品装配、汽修、车工等工种所需的技能为主，主动适应广东地方企业用工的技能要求，帮助广西劳动力顺利进入广东优质企业就业。

据不完全统计，"十二五"期末在广东省的广西籍劳动力存量接近650万人，较"十一五"期末扩大了2.7倍。广西壮族自治区28个国定贫困县和21个区定贫困县每年向广东省用工企业输送劳动力超过15万人次，年人均纯收入达1.2万元，实现了"劳务输出一人，解决脱贫一户"的目的，同时也呈现了不少人在广东学了技术挣了钱后又回到广西创业，为改变家乡的落后面貌做出了贡献，同时也起到了良好的效应。

2018年广西8个结对市和33个结对贫困县全部与广东省及各结对市县签订了劳务合作协议，劳务对接渠道畅通有序。通过举办专场招聘会、实施"春风行动"、开展技能培训、建设"扶贫车间"吸纳就业、招收贫困"两后生"就读广东职业技术院校等形式，帮助贫困劳动力赴粤稳定就业。同时，积极协调和帮助各贫困市县在广东省设立劳务服务站，明确输入地和输出地在跟踪服务方面的工作职责，共同做好来粤务工贫困劳动力的服务管理工作。2018年广西针对贫困地区共举办劳务培训班429期，培训贫困人口14628人次；帮助贫困人口实现就业73.14万人。其中，帮助到广东就业61.3万人，其中新增10.29万人，帮助在区内就近就业6.61万人，帮助到其他地方就业5.22万人，已经超额完成两省区协议的劳务就业任务。完成"两后生"培训3356人，实现就业2845人，其中通过粤桂扶贫协作在广东实现就业2000余人。截至2018年12月，通过粤桂扶贫协作援建扶贫车间118个，吸纳当地劳动力就业5890人，其中贫困人口2079人。此外，广西在年底与深圳联合开展爱心福彩专列特别行动，专设福彩公益基金69万，为百色、河池2250名贫困劳动力返乡过年提供免费动车票、火车票。

（5）加强经贸与产业开发协作，推进产业结构调整升级

20年来，粤桂各级政府根据当地的经济发展水平和产业结构特点，以市场需求为出发点，开展积极的政府政策及制度等引导措施，引导两省的行业、企业进行资本、人力、资源以及产品市场的优势互补、互惠互利、合作共赢，形成良好经贸与产业开发协作的局面。

①"十二五"期间两省区利用国家实施"一带一路"战略及批准实施珠江—西江经济带发展规划的重大机遇，全力推进北部湾经济带、西江—珠江经济带和南广、贵广高铁沿线经济带等建设，逐步奠定实现两广经济一体化的基础；并且积极推进粤桂两省区产业合作，尤其是加快推进粤桂合作特别试验区和粤桂湛江—北海跨省经济区建设，引导广东各地的产业向符合其发展要求的广西壮族自治区城区转移，积极探索两省区的产业园区合作的新模式。

②两省区还利用泛珠三角经贸洽谈会、广州博览会、中国国际中小企业博览会、中国—东盟博览会等各种平台，相互推介、宣传各自优势，促进相互了解，巩固合作基础，扩大合作领域和规模。

　　据不完全统计，1997—2015 年，粤桂以项目合作为主要形式，侧重于产业项目开发、转移，具体内容为广东提供资金、信息、技能设备与广西地方资源合作共建等密切合作，广东省在广西投资项目 17225 个，其中"十二五"期间 8423 个；广东到位资金（含续建到位资金）14099.22亿元，其中"十二五"期间 11037.06 亿元；广东省对广西壮族自治区投资的项目数、合同区外投资额、累计区外到位资金的总量及占比均在全国排位前列，是广西吸引外来资金最重要的来源地。特别是一些互补性强的项目，如农业开发项目、短平快项目，重点向贫困地区倾斜，对促进贫困地区群众脱贫致富、推动区域经济协调发展起到了十分积极的作用。比如田阳区建成的新山工业园区，园区现有企业 30 多家，其中来自广东的企业则有 17 家，约占一半比例，有力地促进了地方经济发展。

　　近几年，广西壮族自治区全面脱贫攻坚战到了关键时期，粤桂扶贫协作也进入了新的历史时期，其合作不断快速发展。因此，结合政府按照近期、中期、长期不同时间段的相关工作规划，两省政府制定了粤桂扶贫协作和区域经济合作在省级层面的工作和任务清单。广西充分利用粤桂扶贫协作 13 条优惠政策及各市县出台的政策，积极动员、引导广东企业到广西贫困地区投资产业、建立基地、兴办工厂和扶贫车间，带动产业发展和就业。2018 年，广西通过广东省政府的支持，共吸引 13054家广东企业到广西投资涉及扶贫领域的相关产业，累计金额约 2825.3 亿元，直接惠及 4.31 万贫困人口，实现脱贫致富目标。同时，广西会同广东省建设一批贫困人口参与度高的扶贫产业园，加快推进产业园区和粤桂合作特别试验区共建，主动承接东部产业转移。如重点推进深巴大健康特别试验区、田东深百产业园、德保静脉产业园、深圳（龙岗）·百色（靖西）龙邦跨境合作产业园等产业园区建设，争取项目按期完成建设，尽快投入使用，发挥扶贫效益。其间，粤桂合作建设扶贫产业园 25个，共同协调和吸引 399 家广东企业进驻产业园区开展具体生产经营活动，累计投资净额约 300 亿元。粤桂合作特别试验区入驻重点企业达 350 家，广西片区完成固定资产投资 280 亿元，同比增长 14.2%。

（6）加强产销协作，带动增收脱贫

2019 年，消费扶贫作为重点内容被写入两省合作的工作清单中，即两省区贯彻国家出台的《关于深入开展消费扶贫助力打赢脱贫攻坚战的指导意见》，把消费扶贫作为两省扶贫协作的重要方式，尤其是紧跟粤港澳大湾区的发展需求，以市场需求为导向，结合地方实际，在广西贫困地区建成地方特色优质农产品产业链，借助粤港澳庞大的消费市场实现消费扶贫的目标①。具体内容为：

广西加强与广东的产销对接，致力打造"产、供、销"全流程的产业协作，通过搭建购销平台、宣传推介、定向采购、商超直销、基地认领订销等方式打开广东市场，引导广东社会各界消费贫困县的产品和服务，从而带动贫困户增收脱贫。代表措施有：由粤桂省级部门沟通协调，落实消费扶贫政策，推动深圳各个城区共同为百色市、河池市 17 个深度贫困县在深圳配套建成 11 个农产品展销中心，协调肇庆市共 9 家大型超市及大型优质农产品直营店为广西特色农产品设立专门的展销窗口；引进深圳点筹网等 20 余家电商企业及平台到广西贫困县开展电商扶贫，助推网络销售当地农产品；深圳中央大厨房、中农网中农茧丝等 10 余企业与百色市、河池市 13 家农业合作社建立农产品供应基地 5.12 万亩，与贫困户开展订单生产合作，直接带动 565 名贫困人口脱贫；深圳市协调海吉星市场与百色市、河池市所辖 23 个县建立县域产销对接机制，并为百色市、河池市提供 4 个免租农产品批发市场交易档位，每年对农产品物流费用补贴 500 万元，促成 3287 万斤农产品销售，

---

① 杨胜军，韦继川．跟踪落实 继续推进——粤桂扶贫协作和区域合作工作清单（省级层面）［N］．广西日报，2019-08-05（2）．

带动 1.8 万名贫困人口实现增收。通过组织参展或联合举办展销活动，加强对贫困地区农产品的宣传力度，帮助打开广东市场，拓宽销售渠道，从而带动贫困村民增收。2018 年 8 月 24 至 26 日，联合在广州保利世贸博览馆举行第 14 届广西名特优农产品（广州）交易会，3 天内现场直接交易额将近 1700 万元，农产品订单签订额 20 多亿；且在 11 月份，由广西壮族自治区政府组织结对扶贫市所对口的粤桂合作企业及合作社参加第九届广东现代农业博览会，其间举办了"精准扶贫在行动"活动，带动 6709 户贫困户 26320 名贫困人口实现增收。2018 年 12 月 16 至 17 日，在河池市举办深圳对口扶贫产销对接暨农业招商引资推介会，河池市 33 家带动贫困人口发展的柑桔生产销售企业、合作社、种植农户代表参加推介，达成购销意向近 2000 吨，预计金额超过 1000 万元。此外，在广东省第二扶贫协作工作组的协调对接下，广西壮族自治区各市县也先后组织带贫农业经营主体赴广东省开展百色芒果深圳推介会、河池天峨珍珠李深圳推介会、罗城红心猕猴桃深圳推荐会、乐业红心猕猴桃广州推介会、广西特色生态健康肉品牌广州推介会以及德保脐橙深圳推介会等 10 余场销地专场推介活动，累计签约超过 1 亿元，帮助带贫农业经营主体的产品在广东打响品牌、打开销路。据统计，2018 年全年广东通过直接订购，协助销售等方式，帮助广西贫困地区的各类农产品销售总额约 25 亿元，直接让 3 万多贫困人口实现脱贫致富。

（7）大力推进教育精准扶贫协作，加快贫困地区教育事业发展

①对口支援广西教育。广东省在其制定的教育发展规划中，把对口支援列为重点规划项目，从高层政策制定作为驱动力，推动粤桂签订《广东省普教系统对口支援广西壮族自治区百色、河池地区等 11 个少数民族特困县和学校发展教育协议书》《广东省对口支援广西壮族自治区贫困地区教育协议书》《广东省援助广西贫困地区教育 2000 万元专项

资金协议》等一系列协议①，开展了四批次的"广东省对口支援广西贫困地区学校工程"。按照协议要求，广东省对口帮扶工作有序且有成效的开展，在协议期间，广东省累计投入教育帮扶资金约达 2 亿元，帮助广西高等、职业及基础教育发展，重点帮助贫困地区各层次教学机构改善条件，共援助修建约 1000 多所学校，培训 1200 多名校长和骨干教师，派出 300 多名教师到广西贫困地区 100 多所学校支教，帮助 8 万多名贫困儿童和大、中学生完成学业。

②设置专项资助基金。2001 年广州市向广西捐赠 1 亿元设立"广州资助广西壮族自治区扶困助学专项基金"，资金增值部分主要用于资助贫困学生和奖励教师，截至目前，共资助家庭经济困难高中生 1 万多人，奖励农村义务教育阶段特岗教师、自治区中小学优秀班主任、八桂优秀乡村教师、优秀乡镇中心校校长共 3169 名，资助贫困县大龄女童、残疾学生 1000 人进行职业教育培训等。

③启动粤桂职业教育协作合作。2014 年两省区扶贫部门签署《广东对口帮扶广西职业教育协作框架协议》，启动了"两广"职业教育协作试点项目，由广东出资每年安排 1000 名广西贫困学生到广东接受优质的职业教育和顶岗实习。广东省的对口支教，不仅有效改善了广西贫困地区的教育条件，带来了先进地区的教学方法和经验，全面提高教育质量，还帮助了 10 万多名贫困儿童和大批大、中学生完成学业，为提高贫困地区人口素质做出了巨大贡献。

广东省对广西壮族自治区的扶贫协作，为广西壮族自治区完成"八七"扶贫攻坚计划、《中国农村扶贫开发纲要（2001—2010 年）》，顺利实施《中国农村扶贫开发纲要（2011—2020 年）》做出了巨大贡

---

① 广西新闻网．广东对广西开展扶贫协作 两广情依依走 10 年扶贫路［EB/OL］．（2006-09-21）［2023-6-17］．http：//www．gxnews．com．cn/staticpages/20060921/newgx4511ab65-819123．shtml．

献，用实际行动弘扬落实关于"先富带后富、最终实现共同富裕"的战略构想，倡导了扶贫济困、团结互助的崇高精神，推进了广西经济社会各项事业发展，为广西解决农村贫困人口的温饱问题、为贫困地区摆脱贫困奔向全面小康奠定了坚实的基础，充分体现了我们党的政治优势和我国的制度优势，极大鼓舞了贫困地区人民在党的领导下全面建成小康社会的决心和信心，为促进全区民族团结、边疆巩固、经济社会协调发展都发挥了重要作用。

四、结论与思考

广西壮族自治区 33 个贫困县与广东省 26 个县（市、区）自建立结对帮扶关系以来，创新性开展扶贫协作，双方加强互访对接，深化结对帮扶，不断加大扶贫协作力度，积极推动扶贫协作各项工作落地开展，携手奔小康成效明显。基于粤桂扶贫协作的实践成效，东西部扶贫协作社会动员治理的运行机制可考虑通过以下路径来构建：

（一）创新东西产业扶贫协作机制，为促进贫困地区持续稳定发展打牢根基

一是超常规出台东西扶贫协作优惠政策。西部省份省级层面参考粤桂扶贫协作相关的优惠政策，对到西部省份进行投资开展经营生产活动的东部企业，在由国家政策或者制定相关特殊政策作为后盾的基础上，在给予税收、物流、财政等方面进行特殊支持。如广西壮族自治区部分贫困县曾率先出台并且得到推广的"一减免、二补助、三奖励"政策，即在现有扶贫资金充足的情况下，3 年免收租金（减税需在国家层面的支持下实施），搬迁费及物流费补助、产品运输费补助，发展奖励、创汇奖励、培训奖励，鼓励优质企业到贫困县份建设扶贫车间，承接东部产业转移的劳动密集型企业，吸纳贫困人口就业。

二是以产业飞地为龙头共建一批园区。借鉴粤桂扶贫协作中深圳巴

马大健康合作特别试验区、粤桂（四会·富川）扶贫协作产业园区、凤山县核桃产业（核心）示范区等项目共建方式，提升地方产业自我发展能力，增加集体、个人收入，解决地方和个人贫困问题，并且进一步实现防止返贫及致富、跨区域资源良性循环的产业经济链。

三是推动旅游协作全域联动。一方面，不断挖掘西部地区地方地理、文化等特色旅游资源；另一方面，加强整合东部企业、资金、客源等各方面优势，由两省政府创建旅游合作机制，搭建旅游资源共通平台，重点是把合作制度化及制度内容落实为各个层级可操作的协议条款，形成旅游各方、各层资源协作联动的局面。

四是发挥企业减贫脱贫优势。以东部企业或者企业联合体的资金、技能、管理、成本控制等优势，明确东西扶贫协作的最终目标为帮助贫困户脱贫致富，整合企业各项优势，转化为帮扶资源，精准帮扶到贫困户个人，从脱贫致富理念、所需外部资源、技术、生产经营模式等各方面着手，顺应当前经济潮流，实现全方位的带动贫困户脱贫致富。

（二）创新构建粤桂劳务协作模式，搭建贫困地区贫困人口就业服务体系

一是推广和完善"三来三往"劳务合作模式，该模式的构建主要依据如何解决东部企业整体面临"用工荒"困境、劳动力需求缺口巨大、西部地区劳动力数量和种类富足与东部对接效率不高相矛盾的问题。就此，广西百色市、河池市与深圳市首创，"三来三往"劳务合作模式，具体内容包括：由劳务输出地区收集劳动力各项信息整理成规范清晰的"求职清单"，东部地区收集整理地方企业提供信息制成"岗位供给清单"，然后由双方专业人员协同配合将求职和供给清单涉及的劳动力和岗位进行匹配，依据匹配结果，安排劳动力参加需求企业的现场招聘，实现劳动力输出地区的贫困人口能顺利赴经济发达的东部地区上岗就业。通过这一模式，贫困地区的劳动力能高效率的和东部地区企业

进行劳务对接，确保贫困人口通过外出劳务脱贫致富，东部企业大幅缓解"用工荒"困境，实现双赢。在这一过程中，双方各级政府从政策到具体制度上落实合作建立劳务服务站，做好劳务输出、接收过程和后续服务各项工作，确保高效有序地开展此劳务合作模式。

二是精准帮扶贫困家庭"两后生"（初、高中毕业未能继续升学的学生）。东部省份发达的经济发展水平，给当地的职业教育发展带来充足教育资源和便捷有效的实践环境，职业教育水平和教育资源整体处于优势地位。因此利用东部职业教育资源针对西部地区贫困家庭的"两后生"直接开展职业技能培训或者职校结对帮扶贫困家庭提供培训机会等方式，培养和提升"两后生"职业技能水平，拓宽就业渠道及发展空间，是从根本上解决贫困问题的有效途径之一。

三是进一步推动扶贫车间建设。在明确认识扶贫车间对转移农村贫困人口劳动力，加强产业扶贫方面的重要作用下，西部省份出台有助于扶贫车间建设的专项政策，在市场准入、资金帮扶、土地使用、地方法规方面给予倾斜，对贫困人口较多的贫困村，尤其是易地扶贫搬迁安置点，至少建设1个以上的扶贫车间，进一步发挥产业扶贫作用。

（三）完善东西协作中的创业致富带头人的培训体系

一是逐步实现东西协作的创业致富带头人的培训协作工作常态化。通过制定科学合理的培训对象选拔机制，东部省份就遴选出的培训对象，结合当今市场需求开展创业所需的技术水平、市场认知、销售能力、品牌塑造等一系列创业基本素质进行培训帮扶，尤其是推广以依托各地组建的培训平台形成的产业培训带动致富带头培训的"双培训"模式，把创业基本素质的培训内容和产业培训中的创业合作、企业业务对接等结合起来，以当前产业发展带动地方脱贫为目标，确保贫困地区创业致富带头人培训在带动地方经济中的作用。

二是营造良好政府管理环境。首先，采用政府常用的"运动式治理"及"压力扶贫"模式，由西部高层政府自上而下推行，把致富带头人培训列入常规扶贫工作，作为各层政府工作考核内容，保证培训工作层层落实到位；其次，各级政府出台政策且成为一定时期内的常规制度，在财政扶持、政策细则、产品运营、技术革新、基建等方面进行帮扶，打造贫困地区良好的创业政府管理环境。

三是建立贫困地区人才培训体系，培养致富带头人人才队伍。首先，广西各级各地政府牵头建立不同层次的培训基地，制定相关培训活动制度，将落实培训活动常态化，确保培训活动能惠及各县扶贫工作人员和贫困人口，且由广西各级政府牵头，广东省政府配合的形式，成立各行业富有市场实战经验、管理和技术能力的培训师师资队伍；其次，做好培训活动跟进和后续评估环节工作，对培训过程中表现优秀且在脱贫致富成效良好的扶贫工作人员和贫困人口重点关注，建立脱贫致富带头人人才库，满足脱贫工作的人才需求。

四是推广和优化两广扶贫合作中扶贫带头人致富模式。广西各地就历年扶贫工作中创建的行之有效的粤桂合作扶贫带头人模式进行梳理和交流，对具备典型和示范效应的致富带头人模式进行优化和推广，如上林县"两培两带两促"模式，以"培育创业致富带头人和扶贫特色产业、带动贫困户和贫困村增收脱贫、促进本土人才回归和贫困村基层党建"为具体内容，实现基层党组织建设、地方产业发展、人才培养、脱贫攻坚等各方面工作全面结合和发展，典范作用极为明显。因此，以类似具备典范作用的带头人致富模式为基础，各地探讨因地制宜建立扶贫带头人致富模式，对更快更好的实现脱贫致富有着积极作用。

（四）创新基层立体化结对帮扶模式

一是建立"乡乡"结对。具体内容为：广西贫困乡镇与广东经济发达乡镇直接对接开展合作共建，以广西贫困乡镇地方劳动力、特色产业产品、各类优质生产原料等对接广东发达乡镇的企业、市场、技术、管理等优质领域，在互补互惠的基础上，广东省发达乡镇帮扶广西地方贫困乡镇经济、文化等各方面发展，实现全方位脱贫。

二是建立"村村"结对。主要方式是采取村党组织共建、共同培养致富带头人、村民结对共建等方式，直接对接到村级组织及个人，扶持村党组织建设，对贫困村民输送经营管理、技术等知识，以及捐赠物质和资金，在脱贫工作中，广西贫困村及贫困户收益效果较为显而易见。

三是建立"村企"结对。组织发动广东省企业结对帮扶贫困村，以召开工商联合扶贫协作行动对接会及签署了扶贫协作行动框架协议等方式，帮助广东企业以互利互惠为基础，对接贫困村，开展产业开发、吸收劳动就业人口、技术培训、资金帮扶等活动，以市场最为活跃的主体来助力脱贫致富。

（五）创新开展社会帮扶工作，构建社会各界协同参与的大扶贫格局

一是引导企业直接援建贫困县份项目。如借鉴广西与中国平安签订协议实施"三村工程"，即"村官工程""村医工程""村教工程"，提供资金、人员、设施及培训等方面的巨大帮助，助力脱贫。

二是积极发动社会组织参与扶贫。发动民间慈善基金会的力量，对贫困省份的贫困村进行捐款捐物，开展助残、助学、扶志气、扶智力等工作，以及对贫困病患者进行免费手术，减免或资助手术费等，多方帮扶贫困民众。

三是举办东西扶贫协作大型募捐活动。采取在东部发达城市联合举办东西扶贫协作大型募捐活动，发动东西部各结对市县和省区直辖单位及各企业参加，在相关有影响力的电视台播出实况录像，及时向全社会展示此次募捐活动取得的显著成果，提升捐助企业的社会影响力。帮助企业树立良好公众形象，提升产品效益，更好支持扶贫工作。

第四节　易地扶贫搬迁工程的实践探索
——基于南宁市"三县"的实践分析

易地扶贫搬迁是脱贫攻坚的"头号工程"和标志性工程，搬迁群众脱贫致富和安置点建设的成效，直接关系着脱贫攻坚工作的成效，所以要加大易地扶贫搬迁后续扶持力度，建立和完善搬迁群众后续发展保障机制，助推搬迁群众尽快融入新社区、适应新生活，真正实现"搬得出、稳得住、能脱贫、可致富"的目标。

一、广西南宁市"三县"易地扶贫搬迁社区的后续扶持工作实践基本情况

（一）工程主要任务

2016—2020 年，按照《自治区扶贫开发领导小组关于印发〈广西易地扶贫搬迁工作整改方案〉的通知》，南宁市规划搬迁建档立卡人口 60102 人，主要承担工程任务县分为：国定贫困县马山县、上林县、隆安县，其工程任务如表 3-9 所示：

表 3-9　南宁市"十三五"易地扶贫搬迁目标任务表

（2016、2017 年度）　　　　　　　　（单位：人）

序号	项目县（区）	移民搬迁对象	
		搬迁总人数	建档立卡搬迁人数
1	南宁市	60102	60102
2	马山县	21215	21215
3	上林县	13573	13573
4	隆安县	24678	24678

（二）搬迁安置点设置分布

工程建设地点分别位于马山县、上林县、隆安县行政区域内，2016、2017 年度共计 22 处项目安置点，每处均建设一个搬迁集中安置点，共 26 个。其中，2016 年度项目 8 个，2017 年度项目 14 个，主要项目见表 3-10、表 3-11：

表 3-10 2016 年南宁市易地扶贫搬迁项目表

序号	项目县（区）	安置点（个）	安置点项目名称	选址位置	建档立卡搬迁人数（人）
1	马山县	6	城区合作易地扶贫搬迁工程（一期）	白山镇	6991
			苏博片区易地扶贫搬迁工程	乔利乡	2530
			金钗镇易地扶贫搬迁工程	金钗镇	1835
			里当瑶族乡"金鸡寨"易地扶贫搬迁工程	里当瑶族乡	290
			加方乡浪旗易地扶贫搬迁工程	加方瑶族乡	207
			去库存房易地扶贫搬迁工程	白山镇	1288
2	上林县	1	明亮镇易地扶贫搬迁工程（一期）	明亮镇	4405
3	隆安县	1	震东易地扶贫搬迁工程（一期）	城厢镇	9931

表 3-11 2017 年南宁市易地扶贫搬迁项目表

序号	项目县（区）	安置点（个）	安置点项目名称	选址位置	建档立卡搬迁人数（人）
1	马山县	2	城区合作易地扶贫搬迁工程（二期）	白山镇	2838
			城区板伏易地扶贫搬迁工程	白山镇	4736
2	上林县	6	明亮镇易地扶贫搬迁工程（二期）	明亮镇	1595
			象山工业园区易地扶贫搬迁工程（一期）	澄泰乡	3641
			大丰镇云里村易地扶贫搬迁工程	大丰镇	800
			巷贤镇高贤社区易地扶贫搬迁工程	巷贤镇	432
			西燕镇西燕社区易地扶贫搬迁工程	西燕镇	1200
			塘红乡塘红社区易地扶贫搬迁工程	塘红乡	1500

序号	项目县（区）	安置点（个）	安置点项目名称	选址位置	建档立卡搬迁人数（人）
3	隆安县	6	震东易地扶贫搬迁工程（二期）	城厢镇	14494
			陇厚屯易地扶贫搬迁工程	城厢镇	37
			陇荷屯易地扶贫搬迁工程	城厢镇	70
			陇元才屯易地扶贫搬迁工程	丁当镇	30
			瑶排内屯易地扶贫搬迁工程	丁当镇	29
			陇康屯易地扶贫搬迁工程	屏山乡	28

（三）搬迁人数规模

根据自治区移民专责小组《关于做好2016—2017年易地扶贫搬迁实施计划调整工作的通知》要求，南宁市摸清搬迁精准情况，从2015年底建档立卡的贫困人口当中选定，将实施安置易地扶贫搬迁的人口由原来66639人调整为60102人，其中马山县21215人，上林县13573人，隆安县24678人。2016年全市实施安置易地扶贫搬迁人口27735人，其中马山县13141人，上林县4405人，隆安县9931人；2017年全市计划实施安置易地扶贫搬迁人口32367人，其中马山县8074人，上林县9018人，隆安县14747人，详见表3-12。

表3-12 南宁市计划搬迁人数表 （单位：人）

序号	项目县（区）	计划搬迁人数		
		2016年	2017年	合计
1	南宁市	27735	32367	60102
2	马山县	13141	8074	21215
3	上林县	4405	9018	13573
4	隆安县	9931	14747	24678

（四）搬迁安置方式

1. 依托县城集中安置方式

依托县城集中安置的方式具有新型城镇化建设倾向，对于搬迁后无土安置在县城周边且有一定劳务技能、商贸经营基础的搬迁对象，可以依托县城城镇化的发展优势，加入县城自由贸易市场谋划营生、发展生计，从传统务农工作转变为进城上班。"十二五"到"十三五"期间，南宁市县城的城镇化水平不断提高，服务业发展迅速，县城的基础建设逐渐完善，这些为易地搬迁工程后续扶持工作提供了有利的条件。这种依托县城集中安置方式，在建设基础设施方面不需要投入很多的资金就可以让搬迁农户同步进入高品质的生活，并且县城可提供大量的就业、创业机会，提高搬迁农户的收入，使得搬迁农民真正实现安居乐业。"三县"中符合依托县城集中安置方式的安置点如表 3-13 所示：

表 3-13　南宁市"十三五"易地扶贫搬迁集中依托县城集中安置点项目名录

安置方式	集中安置点项目	建设模式
依托县城安置方式	马山县城区板伏易地扶贫搬迁工程（一、二期）	政府统规统建
	马山县城区合作扶贫生态移民工程	政府统规统建
	马山县城区去库存房易地扶贫搬迁工程	以购代建
	隆安县震东易地扶贫搬迁与城镇化结合示范工程（一、二期）	以购代建
	隆安县城厢镇陇厚屯易地扶贫搬迁工程	政府统规统建
	隆安县城厢镇陇荷屯易地扶贫搬迁工程	政府统规统建
	上林县明亮镇易地扶贫搬迁工程（一、二期）	以购代建

2. 依托重点镇集中安置方式

在小城镇或乡镇配套建设农贸市场、商业铺面及进行乡村旅游开发，以经济能人、龙头企业、入驻工厂等为引领，带动、吸引迁入小城镇或乡镇所在地，转移到第二、第三产业。将搬迁项目建在市场的周围，利用市场的辐射功能发展第二、第三产业。这种安置方式在帮助搬迁农户脱贫增收的同时，推动了小城镇建设。"三县"搬迁中符合依托重点镇集中安置方式的安置点如表3-14所示：

表3-14　南宁市"十三五"易地扶贫搬迁集中依托重点镇集中安置点项目名录

安置方式	集中安置点项目	建设模式
依托重点镇安置方式	马山县金钗镇扶贫移民工程	政府统规统建
	马山县里当瑶族乡"金鸡山寨"扶贫生态移民工程	政府统规统建
	马山县加方乡浪旗扶贫生态移民工程	政府统规统建
	上林县塘红乡塘红社区易地扶贫搬迁工程	政府统规统建
	上林县西燕镇西燕社区易地扶贫搬迁工程	政府统规统建

3. 依托中心村集中安置方式

依托交通便利的中心村建设移民新村，引导本行政村内或周边生存条件较为恶劣的村落向自然条件较好的地方搬迁，移民新村配套建设水、电、路和沼气池等设施，农户迁入后，可以获得一定数量耕地、林地发展农业谋生，还可结合当地特色种养殖业合作社实现就业。"三县"中符合依托中心村集中安置方式的安置点如表3-15所示：

表3-15　南宁市"十三五"易地扶贫搬迁集中依托中心村集中安置点项目名录

安置方式	集中安置点项目	建设模式
依托中心村安置方式	隆安县丁当镇陇元才屯易地扶贫搬迁工程	政府统规统建
	隆安县丁当镇瑶排内屯易地扶贫搬迁工程	政府统规统建
	隆安县屏山乡陇康屯易地扶贫搬迁工程	政府统规统建

4. 依托产业园区安置方式

在产业园区附近建设移民安置小区，搬迁户可就近在产业园解决就业问题，从而获取生活收入。农户迁入移民小区后，居住条件、居住环境得到根本改善，并通过到产业园区里的企业从事第二、第三产业或为企业提供服务，增加收入，生活水平大幅度提高。同时，能够与城镇居民共同享有便利的交通、丰富的休闲文化生活，还方便了看病就医、子女入学等，是一种扶贫开发的联动效果①。"三县"搬迁中符合依托产业园区集中安置方式的安置点项目如表3-16所示：

表3-16 南宁市"十三五"易地扶贫搬迁集中依托产业园区带动安置点项目名录

安置方式	集中安置点项目	建设模式
依托产业园区安置方式	马山县苏博工业园区扶贫移民工程	政府统规统建
	上林县象山工业园区易地扶贫搬迁工程	政府统规统建

5. 依托旅游景区安置方式

在当地政府的规划、引导下挖掘当地自然资源、人文资源，依托生态特色和民族文化因地制宜打造乡村旅游重点村或旅游景区，并在旅游景区内或景区附近建设移民安置点，通过完善水电路等配套设施，改善就医、入学等条件，稳住搬迁人口安置。依托旅游景区的安置方式通过对搬迁户实施手工艺品制作、餐饮服务等就业技能培训，引导搬迁对象适度集中居住并发展乡村旅游。农户迁入后，通过开办农家乐和旅游服务摊点、开展民族旅游活动、开发旅游产品等逐步提高经济收入水平。这种安置方式虽然使农户实现就业，走上了脱贫致富之路，但是依托旅游景区的安置方式对自然、生态资源的依赖性强，政府在提供搬迁户就

---

① 雷明. 绿色发展下生态扶贫 [J]. 中国农业大学学报（社会科学版），2017，34 (5)：87-94.

业技能培训的同时，还要注重培养搬迁户生态环保意识，保证后续发展稳定、持久。"三县"搬迁中符合依托旅游景区集中安置方式的安置点项目如表3-17所示：

表3-17 南宁市"十三五"易地扶贫搬迁集中依托旅游景区安置点项目名录

安置方式	集中安置点项目	建设模式
依托旅游景区安置方式	上林县云里湖易地扶贫搬迁工程	政府统规统建

（五）产业配套开发情况

为了确保后续易地扶贫搬迁社区居民"稳得住"和"能发展"，"三县"都发挥资源优势，探索了创建多种移民就业产业扶贫新模式，努力给扶贫移民创造更多的就业岗位，促进移民稳定就业，夯实贫困群众持续稳定增收基础。

1. 马山县

截至2021年12月，广西马山县山龙农业发展有限公司等5家公司为白山镇县城城区合作、板伏安置点提供就业岗位200个，2家农民专业合作社采取吸收搬迁户入股合作社扩大生产可安排岗位800个。苏博农民工创业园为苏博片区安置点提供就业岗位2500个，周边广西马山同乐种植专业合作社等3家种植专业合作社、广西乔利乡万龙养殖专业合作社和马山县乔利乡志成种植专业合作社等为易地扶贫搬迁社区提供上百个就业岗位；里当安置点主要依靠周边广西布洛王健康产业有限公司等3个合作社（公司）带动劳务增加收入；金钗安置点支持搬迁群众面向市场需求，发展特色种养业等产业，周边有广西巴更农业发展有限公司、广盈玩具厂扶贫龙头企业，把扶贫车间搬到安置点的家门口，引进产业扶贫车间，做到了"就业一人、脱贫一家"。

2. 上林县

上林县实施了县城移民新城安置、重点镇安置、旅游景区安置等多种类型的安置方式，鼓励搬迁户利用安置点配套商铺及周边产业资源自主创业，其中上林县域内的云里湖生态旅游点已初步建成，助推上林县的旅游环境进一步提升；全县加大劳务培训力度，打造"上林月嫂""上林保洁""上林泥水工"等劳务品牌，为搬迁户后续实现"搬得出、稳得住、能发展、有出路"创造平台和条件。

3. 隆安县

隆安县易地扶贫搬迁社区依托宝塔医药产业园，大力培育和发展二、三产业，为移民群众后续发展提供有力保障。同时，隆安县积极寻求多渠道解决移民就业创业问题。一是加大工业园区招商引资力度，实现移民进厂就业。二是提高本地原有企业的就业吸纳能力。三是依托农民工创业园的创建，引导移民进园创业或就业。四是搞好移民新区的生活配套建设，安置移民就业创业。五是加强与南宁东盟经济开发区、广东等劳务用工较密集的地区劳外合作，引导移民有序转移就业。

（注：本节数据为 2019 年 4 月 10 日的数据）

二、后续扶持工作居民满意度分析——基于南宁"三县"的调查

（一）数据来源及样本信息

考虑到南宁市"三县"（马山县、上林县、隆安县）涉及的地域面广、受益群众多、项目多、情况复杂等因素，调查采用简单随机抽样和非结构性访谈法相结合的方法，主要采取发放问卷、深入座谈的方式收集数据。笔者在 2020 年初对南宁市"三县"的搬迁入住户进行问卷发放、访谈，共发放调查问卷 100 份，回收有效问卷 90 份，有效回收率为 90%。其中来自隆安县城厢镇震东安置区 30 户、城厢镇陇荷屯安置区 10 户，马山县白山镇荷花苑 C 区 30 户，上林县明亮镇安置区 30 户。

　　调查问卷主要涉及三大方面：移民的基本情况；后续扶持到户（产业扶持政策、创业就业扶持政策公共服务和社会管理）满意度及成效；后续扶持管理以及发展诉求。将所有参与问卷调查者的基本信息按照性别、年龄、受教育程度进行分类统计，具体分类构成情况如图3-2所示。有效问卷统计显示，年龄采样较为均衡，男性比例较多，受教育程度明显较低。

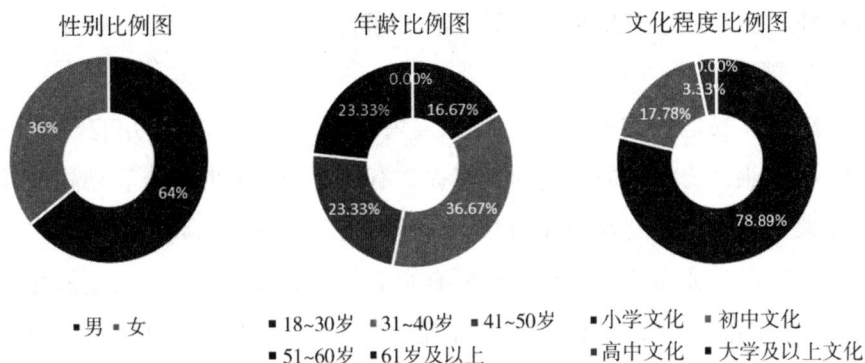

性别比例图　　　　　年龄比例图　　　　　文化程度比例图

■男　■女　　　　　■18~30岁　■31~40岁　■41~50岁　　■小学文化　■初中文化
　　　　　　　　　■51~60岁　■61岁及以上　　　　　■高中文化　■大学及以上文化

图3-2　调查对象基本情况分析图表

　　按性别来分：在90份收回的问卷调查表中男性为58人，占被访者的64.4%；女性为32人，占被访者的35.6%。按年龄段划分：18~30岁的15人，占16.67%；31~40岁的33人，占36.67%；41~50岁的21人，占23.33%；51~60岁的21人，占23.33%；61岁以上的为0人。按文化程度划分：小学文化的71人，占78.89%；初中文化的16人，占17.78%；高中文化的3人，占3.33%；高中以上文化的0人。从调查统计数据中可以得出教育文化水平低是造成搬迁户贫困的主要因素之一。

　　所调研的90名对象中，其家庭总人口为415人，劳动力人口为198人，占调查总人口比例为47.71%；劳动人口中的外出人口为158人、留在本地的人口为40人，两者的比例约为4∶1。目前，南宁市易地搬迁总人口为 60102 人，根据调研采样的比例可以初步预测出劳动力人口约为 28675 人，其中外出务工人口为 22940 人，留在本地工作的为 5735 人，具体见表 3-18。南宁市搬迁人口中约有一半劳动力人口，其中外出务工者达到 80%。

表 3-18　易地搬迁人口构成及就业情况　（单位：人）

类别	家庭总人口	劳动力人口	占总人口比例	外出务工人口	占劳动人口比例	留在本地人口	占劳动人口比例
调查人口	415	198	47.71%	158	79.80%	40	79.80%
预测人口	60102	28675		22940		5735	

（二）后续扶持与管理反馈

1. 产业扶持政策方面

问卷中的产业扶持政策反馈调查主要包括移民搬迁后生产方式、经济收入等客观经济指标的变化情况和移民的主观适应状况。

①搬迁户对政府的产业扶持政策的满意度程度

当调查问及"您对政府的产业扶持政策的满意度"时，在收回的 90 份有效问卷中，做出了"很满意"回答的有 45 人，占 50%；做出"比较满意"回答的有 35 人，占 38.9%；做出"一般满意"回答的有 10 人，占 11.1%；没有人做出"不太满意"或者"很不满意"的回答。当调查问及"您对政府的产业扶持政策满意原因"时，选"精准识别贫困户，因人施策，因户施策，充分体现了群众需要，解决了群众的实际困难"的有 87 人，占 96.67%；选"提高了群众的收入"的有 89 人，占 98.9%。

由此可见易地扶贫搬迁实施确实按照精准施策的原则进行帮扶，充分体现了群众需要，解决了群众的实际困难，大大提高了搬迁户群众的生活生产水平，获得群众较高的认可。

②移民家庭的客观经济指标变化

搬迁户对产业扶持认可程度不是口说无凭的，可以由以下的"搬迁前后群众月平均收入水平的变化"的相关调查问题分析得出结论，具体见图3-3搬迁前后月均收入变化分析图表。当问及"实施易地扶贫搬迁前您个人大约的平均月收入水平"时，有36人表明月收入处于500元以下，占14.4%；有54人表示月收入在500～1000元，占85.6%；月收入在1000元以上的则没有。这说明易地搬迁前群众的贫困程度很深，群众收入很低，生活很艰苦。当问及"实施易地搬迁后您个人大约的平均收入"时，有0人回答在500元以下；有32人回答在500～1000元，占35.5%；有58人回答在1000～2000元，占64.5%。前后情况调查表明，通过易地扶贫搬迁的产业政策帮扶后搬迁户的生活收入有了比较显著的提高。

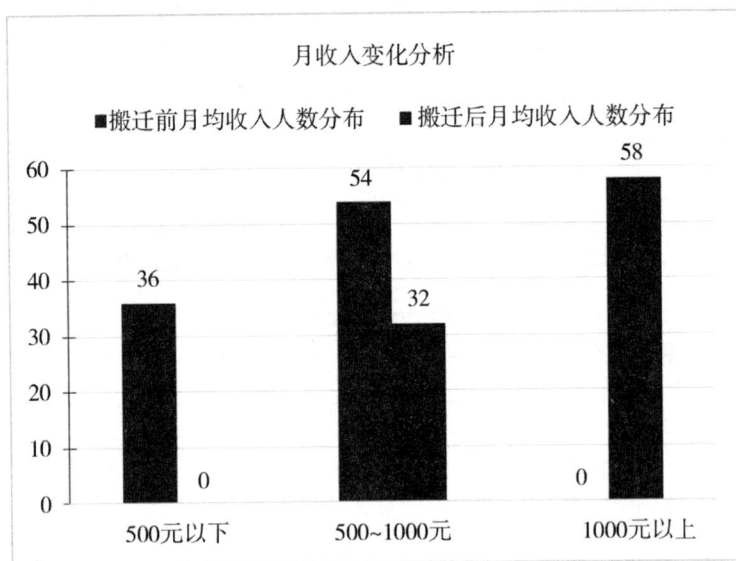

图3-3　搬迁前后月均收入变化分析图表

2. 创业就业扶持政策方面

当调查问及"您对政府的创业就业政策的满意度"时，在收回的90份有效问卷中，选了"很满意"回答的有23人，占25.56%；选"比较满意"回答的有57人，占63.33%；选"一般满意"回答的有10人，占11.11%；没有人做出"不太满意"或者"很不满意"的回答。当调查问及"您对政府的创业就业政策的满意原因"时，选"精准识别贫困户，因人施策，因户施策，充分体现了群众需要，解决了群众的实际困难"的有65人，占72.2%；选"提高了贫困户的劳动技能，增加了就业竞争力"的有7人，占7.8%；"安排就业，有了稳定收入保障""上级组织得好，帮助多"等选项中有18人选择，占20%。问卷具体分析情况见图3-4。

由此可见，就业是第一民生工程，移民最关注的是搬迁入住后就业可持续发展问题。访谈中，不少扶贫搬迁户表示，希望能有稳定的工作，在县城扎下根来。易地扶贫搬迁创业就业的后续扶持政策应该按照精准施策的原则进行及时跟进和帮扶，解决群众的实际困难。

当问及"实施易地扶贫搬迁前从事的工作是"时，有45人选务农（农业种养业），占50%；选有45人选外出务工，占50%；选其他选项的则没有。当问及"实施易地扶贫搬迁后从事的工作是"时，选务农（农业种养业）的有32人，占35.6%；有58人选外出务工，占64.4%。这充分说明迁移前，移民家庭从事的职业单一，收入来源有两种渠道即务农和外出务工，各占比例为50%；而迁移后，移民从事的职业单一收入来源渠道仍没有变，仍是务农和外出务工，只是移民后从事的职业更加倚重外出务工，占此达到了64.4%，比移民前上升了14.4%；务农的则从移民前的50%下降到35.6%。表明移民的家庭收入来源渠道明显变窄，尤其是务农比重下降．这些可以归因于：大部分搬迁移民属于无土安置，基本是依托重点镇和工业园区安置，就业和生产方式开始由传

创业就业政策反馈

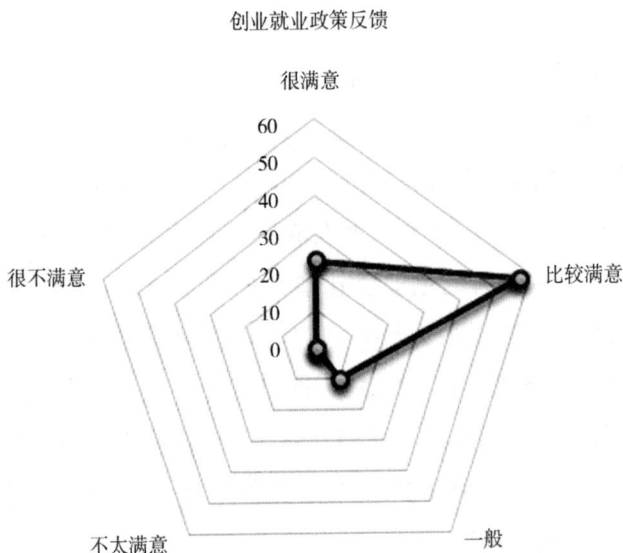

原因分析

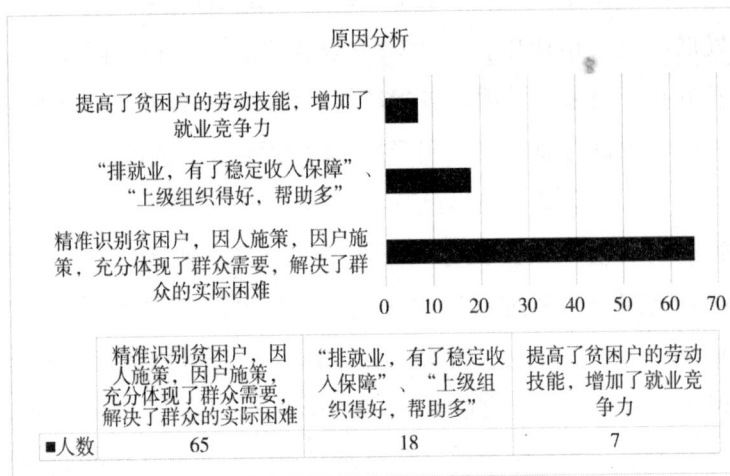

	精准识别贫困户，因人施策，因户施策，充分体现了群众需要，解决了群众的实际困难	"排就业，有了稳定收入保障"、"上级组织得好，帮助多"	提高了贫困户的劳动技能，增加了就业竞争力
■人数	65	18	7

图3-4　创业就业政策反馈分析图表

统的种养业转变和过渡到手工业、加工业。

3. 公共服务和社会管理方面

公共服务和社会管理的质量关系到移民对安置区的满意度及"稳

得住"的现实问题。当问及"对移民安置区的水电、道路、通讯、卫生、文化等配套生活基础设施保障的满意度"时，在收回的 90 份有效问卷中，选了"很满意"回答的有 24 人，占 26.7%；选"比较满意"回答的有 24 人，占 26.7%；选"一般满意"回答的有 42 人，占 46.6%；没有人做出"不太满意"或者"很不满意"的回答。

当问及"对移民新村（安置区）的治安秩序、环境卫生等社区管理的满意度"时，在收回的 90 份有效问卷中，选了"很满意"回答的有 30 人，占 33.3%；选"比较满意"回答的有 35 人，占 38.9%；选"一般满意"回答的有 25 人，占 27.8%；没有人做出"不太满意"或者"很不满意"的回答。

安置社区的公共服务与社会管理反馈情况分析如图 3-5 所示。当问及"对公共服务和社会管理等满意的原因"时，有 60 人选"安置点水电、道路、通讯、污水垃圾处理、商店等配套基础设施齐全、群众生活方便"，占 75%；有 41 人选"解决了上学难的问题"，占 45.5%；有 87 人选"垃圾清除处理得好、社区干净卫生"，占 96.7%。

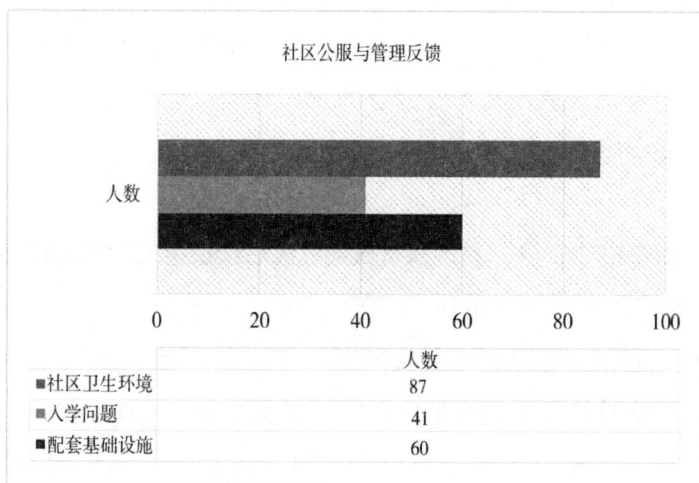

	人数
■社区卫生环境	87
■入学问题	41
■配套基础设施	60

图 3-5 安置社区公共服务和社会管理反馈分布图表

当问及"搬到移民新村（安置点）后的适应度"时，有52人选"非常适应"，占57.8%；有38人选"比较适应"，占42.2%。搬到移民新村（安置点）后没有面临什么心理不适应问题，在邻里关系上没有出现不适应的情况。在与移民座谈了解易地扶贫搬迁过程中的困难和问题、需求时，他们大都认为，与邻里关系、治安卫生环境和交通条件等相比，对迁入地的医疗条件、子女读书、就业技能培训等教育资源的需求更为紧迫。部分移民认为迁入地医疗和教育服务方面尚未满足需求。

（三）总结与建议

通过调查问卷的数据统计分析，南宁市"三县"易地扶贫搬迁工程的产业扶持政策、创业就业扶持政策、公共服务和社会管理等后续扶持政策落实成效比较显著。但同时也能看出，有近一半的移民对收入来源、迁入地的医疗、教育、住房和自然环境的满意度不高。因此，这也成为易地扶贫搬迁社区后续管理、帮扶需要努力的方向。对移民来说，搬入城镇只是第一步，他们能否"扎下根"，能否实现身份转型，事关易地扶贫搬迁政策成败。应加大搬迁后续扶持政策的执行力度，着力提高搬迁户的收入水平，改善安置点的居住环境，让搬迁群众有获得感、幸福感、安全感、归属感。

三、南宁市"三县"易地扶贫搬迁社区后续扶持工作实践存在的问题

（一）有关政策衔接不畅

1.旧宅拆除过渡期政策衔接问题

旧宅拆除政策最早是根据广西扶贫开发领导小组移民搬迁专责小组印发的《广西易地扶贫搬迁工作若干问题解答（一）》的有关规定，

对贫困户暂不愿意退出原有旧宅基地的，可暂时保留，不作硬性要求。① 对此在具体落实政策时普遍认为该规定并未对贫困搬迁户搬进新住房后的旧房拆除有明确过渡期时间，而接下来改动的是自治区发改委有关领导在2017年4月解读国家易地扶贫搬迁工程旧房拆除过渡期有关规定时，一方面要求"搬迁对象在入住新房后一年内自行拆除旧房"，另一方面补助住房建设面积从"十二五"的40~60平米/户，变为"十三五"时期为人均不超过25平米，新旧政策相比显然旧的政策规定更容易为贫困搬迁户所接受，原先搬迁户的搬迁意愿大幅度下降。最新易地扶贫搬迁政策解读要求"搬迁户在入住移民安置区两年左右拆除旧房"，原先搬迁户的搬迁意愿又有所加强，但仍低于最早执行的拆除政策时期。很明显新旧政策内容导致了搬迁户较大的意愿波动，住房补助、住房面积、享受政策人群范围等方面如何做好政策的衔接工作，提高并稳定搬迁户的搬迁意愿，已经成为影响后续易地扶贫搬迁工作全局的重要因素。据"三县"的调查摸底表明，意愿搬迁数远低于"十三五"时期的搬迁数，与政策调整各县的搬迁对象户和人数差距很大。

2. 自筹资金额度政策衔接问题

按以往做法，"三县一区"在易地扶贫搬迁工程搬迁对象自筹资金测算工作中，原均按高于人均2500元的额度测算贫困搬迁户的自筹资金投入，而按最近国家发改委易地扶贫搬迁工程有关整改工作要求，"建档立卡贫困搬迁户，人均自筹资金不超过2500元"。政策的差异，意味着贫困搬迁户自筹资金的较多减少，当地政府资金筹措压力的加大，差额部分将成为资金缺口。如隆安县原均按人均8000元测算自筹

---

① 广西移民网. 关于对标对表国家评估核查指标　进一步完善广西易地扶贫搬迁　工作调度系统的通知［EB/OL］（2020-5-30）［2023-4-20］. https：//www. gxazzx. org. cn/html/2020/tongzhigonggao_ 0530/13148. html.

资金，按人均自筹资金不能超过 2500 元执行后，则原测算与规定的差额将达 2.2 亿元，财政负担难以承受。上林县也存在此类问题。

（二）后续扶持与社区治理体系建设滞后

1. 移民后续社会管理滞后

根据课题组的调研发现，"三县一区"的易地搬迁安居点的搬迁群众对迁入地的医疗条件、教育条件、就业技能培训等资源的需求尤为紧迫。而部分迁入地的医疗和教育设施（尤其是初高中）还不够完善，医疗水平和教育质量较差；移民群众全部搬迁入住后，需要各项目县区在后续管理方面加强移民社区的社会管理和服务，提高安居点的公共服务供给能力和服务水平，改善人文环境，使移民更好适应安置区的环境，提高移民的幸福感、获得感和安全感。

2. 移民后续扶持产业与就业发展滞后

南宁市"十三五"易地扶贫搬迁，99%以上的搬迁人员，是进行集中安置，约计 6 万人将不会再是传统意义的"农业人口"，其今后生活环境将不会是传统的农村村落，其中的劳动力将不会再从事祖辈相传的农作产业。按 30% 的比例测算，6 万人的搬迁人员约有劳动力 1.8 万人，这部分劳动力的绝大部分将要通过非农产业，即加工业、服务业安排就业。因此，"三县一区"范围内的加工业、服务业也就成为易地扶贫搬迁人员中劳动力就业最可接受最为便捷最具效果的主渠道。目前，一些安居点虽然有了后续产业发展规划和就业创业计划，但是没有同步实施，后续扶持工作尚未推进。此外，农村人口劳动力与城市人口劳动力不同，50～60 岁甚至 70 岁的农村剩余劳动力居多，企业无法收纳，仅依靠有限的公益岗位无法满足当前需求，搬迁群众剩余劳动未能有效解决。

自 2020 年上林县、隆安县、马山县的易地扶贫安置社区进入后续扶持阶段后，三县都在加大力度发展加工业、服务业，但毕竟相关产业的基础薄弱，至今经济发展水平不高。由于发展需要一个过程，故发展的速度滞后于易地扶贫搬迁安置工作的需要；再者，三县的易地扶贫搬迁工程按计划完成后，当地出现大量非农产业就业需求，而就业供给却难以满足。

3. 基层干部的学习能力不足

国家、自治区陆续结合易地扶贫搬迁工作的需要，或新出台或补充完善或解答有关易地扶贫搬迁工作政策，外地也出现了易地扶贫搬迁工作好的做法和案例。但据有关基层工作人员反映，县有关部门对该方面的学习培训工作力度不足，使得他们面对搬迁对象和具体工作时，难以提出相应的对策。出现基层基础工作滞后问题的原因，一是县级层面面对基层工作千头万绪，缺乏指导性与系统性，工作推进力度不够；二是基层工作人员工作能力和主动性不够。

（三）搬迁户"两头占"问题突出

自治区出台政策要求"凡享受'十三五'易地扶贫搬迁政策的建档立卡贫困人口，要签订旧房拆除协议，并在入住搬迁新房后两年左右拆除旧房"。在调研中发现，部分搬迁户存在着"故土难离"的观念，难以割舍掉旧房子和宅基地，同时"利益均沾"思想作祟，一边想要享受国家易地扶贫搬迁待遇又想要占据原来的宅基地，再加上宅基地退出激励机制财力不足，相当部分群众搬迁出来后，虽然签订了协议，但老家旧房久久未拆，仍然有部分搬迁群众回到农村居住，或在农耕时期回到农村进行农耕，存在"只搬不住"的情况。"十三五"时期，全区易地扶贫搬迁旧房拆除率仅为56.43%，空置房与居民回迁原住房率达38%，进行复垦率仅为27%，这也就加剧了后续搬迁户回迁问题。由于"三县"财政压力巨大，财力困难，难以按国家和自治区对签订旧房拆除协议并在规定时间拆除旧房的搬迁户支付每户不低于2万元的奖励，这导致后期搬迁户抱怨声较多。搬迁户"两头占"问题无疑是在财政压力巨大的情况下增加了后续搬迁管理难度和土地二次开发利用的困难。

四、切实做好易地扶贫搬迁安置的后半篇文章的探索

"十三五"时期，广西壮族自治区 13 个区市 78 个县（市、区），涉及 71 万人的易地扶贫搬迁建设任务已经全面完成，易地扶贫搬迁已全面转入以后续扶持为重心的新阶段，做好易地扶贫搬迁安置社区治理工作，直接关系到脱贫攻坚成效巩固，关系到千万搬迁群众的幸福感、获得感和安全感。2020 年 10 月民政部印发了《关于做好易地扶贫搬迁集中安置社区治理工作的指导意见》的通知，明确提出易地扶贫搬迁社区后续扶持工作要以"建立健全安置社区组织体系、完善安置社区治理制度机制、加强安置社区服务体系建设、加快促进搬迁群众融入社区、着力加强安置社区工作者队伍建设"等五方面为工作重心扎实做好后续篇章，为搬迁群众创造幸福美好的新生活。

（一）做好衔接工作，促进有序融入

1. 加大资金投入，统筹衔接资金

为保障安置区后续发展，通过引导企业对口帮扶等方法解决资金不足问题，充分发挥财政资金的杠杆作用，撬动更多金融资本、社会资本进入搬迁安置社区，设立专项资金针对社区干部队伍培训和业务工作能力提升。以政府购买形式促进社会力量进入社区，组织搬迁群众开展活动，促进社区有序融入，以社会组织专业化服务能力培育本土化社区治理组织。鼓励企业、农户、社会资本投入县域和安置点附近的产业开发，逐步建立起以政府资金投入为导向、农户和村集体自主投入为主体、社会资金投入为补充的多元化、多层次的投融资机制，实现政府、社会和市场三者有机结合。加大银行等金融机构信贷资金扶持力度，降低贷款难度和成本，充实资金盘子，减轻政府和群众投入压力。倡导企业承担社会责任，对积极投资特色产业生产、投入易地扶贫搬迁社区民生建设的企业、项目建设开展评估，分等级给予相应的税收优惠、财政

补贴、信贷担保等，有效完善和优化易地扶贫搬迁社区建设。

2. 制定过渡计划，做好衔接工作

根据安居点培育发展的基本规律，其发展建设分"安居期、富居期、乐居期"三个阶段走。2016—2020 年脱贫攻坚战中已完成以构建"安居"发展支撑体系为核心任务，消除了绝对贫困。在乡村振兴全面推进阶段，以 2021 年乡村振兴开局之年为起点，开启共同富裕战略目标。2021—2025 年第二步，即"富居"阶段。以构建"富居"发展支撑体系为核心任务，根据安居点现有各种资源，因地制宜大力培育扶持特色产业发展，形成"一村一品"产业发展，居民不愁吃、不愁穿，全面消除城乡居民收入和发展差距，年可支配收入与全市平均水平持平。安居点形成具有强劲活力和持续发展的特色产业体系，实现"富居"目标。要妥善处理新旧政策前后的利益矛盾，统筹考虑新老政策的衔接等问题。细化相关便于基层操作和实施的补助标准、奖励政策和具体实施办法。

第三步 2026—2035 年，即"乐居"阶段。以构建"乐居"发展支撑体系为核心任务，形成安居点自我科学管理的长效机制，具有良好的村风民风，人口健康水平、综合素质和发展能力得到全面提升，居民安居乐业，获得感和幸福感倍增，安居点实现长久和谐发展，实现"乐居"目标。

通过以上三个阶段的逐步发展，逐步解决易地扶贫的系列问题，最终形成基础设施完整，就业机会丰富，管理体系完善，社区文化繁荣发展的新型和谐社区。

3. 加快配套基建，完善公共服务

优先安排、重点投资与搬迁群众利益密切相关水、电、路、生活垃圾和污水处理、绿化等基础设施以及教育、医卫、文体、商业等公共服务设施，以良好的硬件设备和优质的人力资源有效嵌入，保障安置小区垃圾处理、供水、供电等常态化、标准化，解决搬迁群众就学、就医、就业等问题，为移民提供良好的生活环境。另外，进一步加强对安置区的社区管理，为扶贫搬迁人群参与社会经济、政治、文化活动等提供基础保障。不断提升社区管理效能、居委服务能力、居民自治水平等；不断提高社区文化建设质量，注意将新时代文化与各搬迁居民的特色民族文化相融合，使移民更好适应安置区的环境、融入社区生活，提高移民的幸福感、获得感和安全感。

（二）加大产业扶持，夯实致富基础

1. 扶持特色产业发展

各部门、单位要根据本地资源禀赋、产业基础等，科学定位、做合理布局，发挥原有特色产业的良好势头，将特色资源优势转化为经济优势，根据市场需求，主动开拓创新，积极帮助农村搬迁的群众因地制宜谋划建设市场前景广阔、投资价值大、"短平快"的农业产业项目，并引导和培养特色产业项目、支持建设农副产品冷链、保鲜、电商、物流等，以高质量的特色产品打响地方品牌。鼓励搬迁群众流转土地承包经营权和林权，通过土地入股形式发展特色产业项目，同时也鼓励有条件的搬迁群众通过资金入股特色产业，入股投资形成的分红折股量化给搬迁群众，提升自我发展能力、增加搬迁群众财产性收入。另外，探索在易地扶贫搬迁安置点附近流转一定数量土地开办"微田园"等农耕场所，动员、安排给45岁以上、难以在非农领域就业的搬迁贫困劳动力通过劳力入股，通过签订劳动合同，按照劳动输出赚取报酬，稳定就业、提高收入。①

---

① 广西壮族自治区人民政府办公厅. 广西壮族自治区人民政府办公厅关于加强易地扶贫搬迁后续产业发展和就业创业工作的指导意见［EBOL］.（2017-09-18）［2023-4-17］. http：//www.gxzf.gov.cn/zfgb/2017nzfgb_34854/d23q_34940/zzqrmzfbgtwj_34942/t1510866.shtml.

2. 扶持乡村旅游业发展

乡村优美的自然风光、富有特色的民族文化是可利用、可开发的产业资源，深入发掘农村安置地以及周边的天然旅游资源和人文旅游资源，积极发展农家乐、疗养度假、康体运动等观光旅游新兴产业；促进民族文化传承与产业发展相结合，扶持搬迁群众开发具有民族特色的刺绣、纺织、编织等手工艺产品；政府、旅游景区、社区要达成"景区+社区+易地扶贫搬迁群众"发展模式，充分发挥安置点附近旅游景区、休闲农业与乡村旅游区等对安置点群众的辐射力、吸附力，多渠道推动易地扶贫搬迁社区居民收入经济水平整体提升。

3. 扶持服务业发展

结合安置点实际情况和搬迁群众能力，减免租金"送场地"，县级政府联合各级单位、部门促成安置点铺面、周围景区景点、商场、菜市等商铺按比例优先安排给搬迁群众并在过渡期内减、免租金；以就业为导向，按需扶持"送培训"，根据易地搬迁户提出的技能培训需求，有针对性地组织搬迁贫困劳动力参加技能培训或创业培训并落实创业就业补贴，采取"送培训上门""社区就业培训班""外出实训"等方式，为搬迁户提供电工、焊工、烹调、酒店管理、家政服务等个性化的技能培训，提升其就业竞争力和自信心，实现搬迁群众由"体力型"转向"技能型"就业。

（三）优化社会管理模式，实现安居乐业

1. 尊重群众意愿，加强自治管理

要坚持以人为本，充分发挥搬迁群众的主体性作用，强化社区自治效能，对于安置社区的自治活动、文化建设活动等，广泛听取搬迁群众呼声，激发各搬迁居民参与社区建设的积极性，营造良好的舆论氛围；强化移民民主决策机制，探索易地扶贫搬迁居民议事的全过程民主，引导群众参与社区公共事务的设计、管理、监督等过程；同时，利用政务

公开、村务公开等形式，建立健全移民搬迁社区公示监督制度，把知情权、决策权、参与权和监督权交给社区居民。努力克服对政府的过度依赖性，探索"村民自主实施、政府提供服务"的易地扶贫搬迁社区管理方式，更加倾听搬迁群众的声音，更加注重搬迁人口的参与权，让移民对搬迁安置区有认同感、归属感。

2. 做好矛盾调解，促进稳定和谐

一是提高移民整体法制化水平。积极开展移民（村）社区法制宣传教育工作，通过社区法治宣讲、社区教育课堂、入户发放宣传册等正面疏导的途径形式向移民群众宣传、普及基本法律知识，增强搬迁群众的法制意识和守法观念，巩固和发展搬迁安置区长治久安的良好局面。二是建立畅通有序的诉求表达、矛盾调处和权益保障机制。社区各业务口统筹安排、分工协作，确保移民群众反映问题有渠道、有人接待、有人处理，处理问题有效率、权益有保障。三是进一步加强移民社区的群防群治队伍建设，进一步完善"大调解"的格局。对安置区内的重要事件和重点人员开展社区社会稳定风险测评和防控，从根源上预防矛盾、矛盾纠纷化解在社区；健全人民调解、行政调解和司法调解的联动机制，客观、平等、公开、有效地化解社区矛盾和争议，营造新移民在安置区内文明、祥和、安定的发展环境。

3. 构建共同记忆，重塑社区文化

首先，强化社区党建在社区文化重构当中的作用，社区党员干部和单元长实行"天天敲门法"敲门走访，重塑居民正面文化价值、收集社区居民意见和反馈，促进各居民间的理性认识和情感包容，增强社区凝聚力，真正意义上达成从集体意识上对社区文化的认同。其次，积极开展居民喜闻乐见的文化活动，以传统节日、民族重大节庆为契机，为搬迁群众搭建舞台，展示各民族搬迁居民文化风采，发扬创新精神，鼓励各族搬迁群众将自己的、本民族的脱贫故事、搬迁故事等融入演绎剧本，引起搬迁群众共鸣；以"乡愁"为主题，为各民族搬迁群众设立社区文化长廊等，促进各民族搬迁群众在富有仪式感的文化载体中增进彼此了解、深化交往交流交融，营造和谐融洽的社区气氛。最后，积极做好安置点精神文明创建，积极开展德、智、体、美、劳方面的教育活动、评比活动，提升安置点居民法治素养、养成良好的生活习惯，引导和鼓励各搬迁居民勤劳致富。

第四章

后扶贫时代巩固脱贫攻坚成效与乡村振兴战略有效衔接的内在逻辑

第一节　后扶贫时代巩固脱贫攻坚成效与乡村振兴战略有效衔接的内在机理

一、后扶贫时代巩固脱贫攻坚成效与乡村振兴战略的内在联系

脱贫攻坚与乡村振兴在主体与对象、目标、时空、政策、制度等方面是差异性与共同性并存，但这些差异是建立在共性的基础上，表现在时空转向、范围扩大、政策制度相融和目标层次递进的差异所形成的关系张力上。所以本研究主要从脱贫攻坚与乡村振兴目标的传递性、主体与对象的相通性、政策制度的融合性、时空的接续性上探讨两者的内在联系。

（一）脱贫攻坚与乡村振兴目标的传递性

在党的十九大报告中指出脱贫攻坚是全面建成小康社会的三大攻坚战之一，同时是全面建成小康社会的底线任务和标志性指标。脱贫攻坚与乡村振兴是实现中国特色社会主义现代化的两项重要战略任务，乡村振兴的对象、目标在时间上承接了脱贫攻坚成果的对象与目标。

区域发展不平衡不充分是我国摆脱绝对贫困的主要困境，贫困村、贫困县、集中连片特困地区农村贫困人口是最后的"硬骨头"。随着市场经济的不断推进，城乡差距不断扩大，区域发展不平衡不充分的问题更加明显。脱贫攻坚是乡村振兴的优先任务，是解决"三农"的底线问题，主要集中中央与地方资源、社会资源瞄准贫困村、贫困县、集中连片特困地区农村贫困人口的"两不愁三保障"问题，重点解决吃、喝、住、行、医、学六大方面基本设施与基本公共服务问题，从而消除贫困地区后续发展障碍，同时缩进贫困地区与我国农村平均可支配收入差距。乡村振兴是从整体性区域战略格局出发，在脱贫攻坚成果之上推进农村全要素、全人民的振兴，从而实现共同富裕。所以脱贫攻坚是乡村振兴的水、电、路、网等硬件升级发展的保障，乡村振兴是对软件发展与巩固硬件成效的同步推动，促进农村基本公共服务的均等化、推动农业农村现代化，实现共同富裕。所以从宏观上看，脱贫攻坚与乡村振兴目标相连，层层递进，在本质上都是为建立中国特色社会主义现代化，实现共同富裕①。从微观上看两者目标又有差异，脱贫攻坚的目标多以行政压力为导向，通过量化指标纵向上向地方政府施压，关注贫困地区"有没有"的问题，实现脱贫户脱贫摘帽达到"八有一超"标准，贫困村达到"十一有一低于"标准，贫困县达到"九有一低于"标准。而乡村振兴涉及全方位、全要素、全人民的振兴，关注乡村整体性生活"好不好"问题，无法再全面设立可量化、可操作的考核指标。

（二）脱贫攻坚与乡村振兴主体与对象的相通性

脱贫攻坚与乡村振兴主体的一致性。从 2011 年中央颁布《中国农村扶贫开发纲要（2011—2020 年）》开始，我国正式进入以贫困人口

---

① 汪三贵，冯紫曦. 脱贫攻坚与乡村振兴有效衔接的逻辑关系 [J]. 贵州社会科学，2020（1）：4-6.

的"两不愁三保障"问题为核心的开发扶贫阶段，国家作为精准脱贫攻坚与乡村振兴战略的制定者和实施者，在精准脱贫攻坚战中国家以选派驻村工作队和第一书记为主要行政手段将各级党政部门、企事业单位干部与负责人嵌入贫困村，从政治、经济、文化、社会等各方面进行系统性改革，在乡村振兴阶段仍然要持续推进工作队员与驻村第一书记的派驻，发挥基层党建引领的战斗堡垒作用。从 2015 年的《关于打赢脱贫攻坚战的决定》到 2017 年的十九大报告首次提出的"实施乡村振兴战略"、2018 年的《关于打赢脱贫攻坚战三年行动的指导意见》都强调要构建党委领导、政府负责、社会协同、引领市场、社会协同、公众参与的新发展战略格局，充分发挥定点帮扶和东西部协作帮扶实现乡村造血功能。所以从整体性看脱贫攻坚与乡村振兴主体保持一致性①。

但是从主体力量发挥作用程度上看，在精准脱贫攻坚战中，解决农村贫困人口的贫困问题我国一直是以政府与行政为主导，以行政权力为宰制力量推动中国式减贫治理，从市场、社会与农民群众相对行政力量来说发挥的效能相对较弱，导致市场、社会和农户的主体性成为了推进乡村振兴关键影响因素。同时由于目标与工作重心转移，从精准针对农村贫困人口向全方位、全要素、全过程、全人民的振兴转变，使得在参与主体上要由政府主导向政府、市场、社会共同参与的多主体治理过渡，行政宰制力量逐渐消弱，市场、社会和农民群众力量重新成为新的宰制力量。所以脱贫攻坚与乡村振兴在主体上既有一致性同时也有差异性。

脱贫攻坚与乡村振兴对象的扩展性。从区域范围上看，脱贫攻坚战所关注的对象主要集中于我国中西部的贫困村、贫困县和集中连片特困

① 刘学武，杨国涛. 从脱贫攻坚到乡村振兴的有效衔接与转型［J］. 甘肃社会科学，2020（6）：87-93.

地区，乡村振兴面对的是我国整个乡村的宏观发展战略，来破解"三农"问题。从治理对象来看，脱贫攻坚与精准脱贫要实现的目标是解决绝对贫困，目标较为单一、明确，所以关注的对象主要是全国 14 个集中连片特困区、832 个国定贫困县和 3 万个深度贫困村等深度贫困地区的建档立卡、低保、边缘人口等贫困群体这一单一的帮扶对象。打赢脱贫攻坚战后，我国贫困状况发生了翻天覆地的变化，扶贫工作重心从绝对贫困向相对贫困转变，所以乡村振兴面对的不仅是脱贫攻坚战中的脱贫户、易致贫困户、突发贫困户、边缘人口，防止其发生大规模返贫，还包括除此之外的其他农民群体，对象不断扩展，实现从点到面过渡①。总体上看，脱贫攻坚到乡村振兴不仅体现的治理对象的扩大化、治理场域的拓展化还体现了治理资源的全面化和治理任务的丰富化，呈现由点到面转变的特征②。

（三）脱贫攻坚与乡村振兴政策制度的融合性

脱贫攻坚与乡村振兴的体制机制相统一。脱贫攻坚战实现了我国全面摆脱绝对贫困，提前 10 年实现《联合国 2030 年可持续发展议程》减贫目标，创造了减贫治理的中国样本。这些成就归功于行之有效的政策体系、制度体系和工作体系。在工作体系上，为消除现行标准下的绝对贫困任务，构建了"中央统筹、省负总责、市县抓落实，省市县乡村五级，书记抓扶贫，构建起专项扶贫、行业扶贫、社会扶贫互为补充的大扶贫格局"③。参照脱贫攻坚的领导责任机制、工作机制、考核机制，

---

① 李博，苏武峥. 欠发达地区巩固拓展脱贫攻坚成果同乡村振兴有效衔接的治理逻辑与政策优化 [J]. 南京农业大学学报（社会科学版），2021，21（6）：71-79.

② 王文彬. 由点及面：脱贫攻坚转向乡村振兴的战略思考 [J]. 西北农林科技大学学报（社会科学版），2021，21（1）：52-59.

③ 中共中央　国务院关于实现巩固拓展脱贫攻坚成果同乡村振兴有效衔接的意见 [BE/OL]（2021-03-22）[2023-03-26]. https：//www. gov. cn/zhengce/2021-03/22/content_ 5594969. htm? TPWlanWarnChecked=0.

在乡村振兴中沿用领导机制与工作机制，确立了党政"一把手"是第一责任人，县委书记是"一线总指挥"，继续选派驻村工作队和第一书记，从而强化五级书记责任。在建立乡村振兴的考核机制上，参照脱贫攻坚考核机制的严格考核和用好考核结果方面，"将巩固脱贫攻坚成果纳入党政领导班子和领导干部推进乡村振兴战略实绩考核范围"，所以脱贫攻坚的脱贫实践经验为乡村振兴政策、工作与考核体制机制衔接提供了蓝本。

脱贫攻坚与乡村振兴的政策体系的相互融合。脱贫攻坚与乡村振兴的政策体系相衔接融合，本质上是处理好稳定政策与完善政策的关系。政策是推动中国式减贫治理的重要资源，政策的制定会随着环境的改变而改变，由于脱贫攻坚后贫困的性质、成因与状态发生了转变，脱贫攻坚战中的兜底保障、低保等特惠性政策是提升贫困人口人均收入的重要手段，但是由于此类政策衍生出了农户和村干部的"等、靠、要"思想，引起"福利陷阱"和"悬崖效应"。所以这就要求在全面推进乡村振兴中处理好完善政策与稳定政策体系之间的关系，重塑减贫政策体系①。中央在政策衔接上提出了"四不摘"要求，保持政策的总体稳定，确保政策连续性、兜底救助类政策的稳定性、民生保障普惠性政策的持续性、产业就业等发展类政策的优化性，所以从微观上看继续延用脱贫攻坚时期的政策已然不符合当前的实际情况，需要创新完善政策体系，重点在于如何建构从顶层到基层的全方位巩固机制。具体表现在：一是宏观层面的一体化规划；二是中观层面整体性执行机制的高效配置，三是微观层面建立乡村内生活力的培育机制。② 中央与地方政府已陆续发布了很多巩固拓展脱贫攻坚成果与乡村振兴有效衔接的政策，但

---

① 王洪斌. 脱贫攻坚与乡村振兴有效衔接需理顺四个关系［J］. 人民论坛，2020（33）：108-109.

② 张明皓，叶敬忠. 脱贫攻坚与乡村振兴有效衔接的机制构建和政策体系研究［J］. 经济学家，2021（10）：110-118.

是在具体细化政策执行中仍然处于探索中，在 5 年的过渡期中广西的政策更多倾向于保守型政策，追求稳中求胜，还需要在组织职能转变、公共服务供给基本均等化转变和在其他要素持续配置等方面完善政策体系，从而夯实"有效衔接"的组织基础、制度基础和资源基础。在健全农村低收入人口常态化监测和帮扶机制上，对易致贫困户、边缘户、突发贫困户等农村低收入人口的防监测返贫上需要针对产业帮扶、民生保障政策、金融服务政策等衔接借助大数据共享平台构建政府部门间的资源整合协同共振形成更大工作合力，从而破解脱贫攻坚战中资源碎片化与多元主体参与碎片化问题。脱贫攻坚战中的输血式脱贫造成的"福利陷阱"导致内生力不足，在乡村振兴中转变为造血式减贫治理是实现从任务型治理向发展型治理转变的关键。所以脱贫攻坚战的政策侧重于外源性的正式制度嵌入，而乡村振兴更多侧重于非正式制度发挥的作用，如村规民约、村级议事协商从而深入推进"志智双扶"。

（四）脱贫攻坚与乡村振兴时空的接续性

乡村振兴是脱贫攻坚的接续，如何在时间与空间维度上将脱贫攻坚与乡村振兴的无缝隙衔接不留空白，实现全过程接续？在时间维度上，中央提出设立五年的过渡期，其间，主要在于处理防贫与乡村振兴、调整与稳定的关系，实现任务重心转移的同时，基础配套政策、组织体系、工作体系、发展规划也能同步调整和衔接。政府的财政资源是有限的，在过渡期中全面推进乡村振兴是以国家乡村振兴重点帮扶县、自治区重点帮扶县为主，通过集中行政资源、党建资源、社会资源着力解决重点帮扶县发展不平衡不稳定不充分问题。在空间维度上，脱贫攻坚战中国家深度贫困县、集中连片特困地区基本没有造血功能，需要借助外部的力量打破原有的社会结构，实现向贫困村输血。乡村振兴在脱贫攻坚具有新鲜血液的基础上，通过从输血到造血功能的转变，推进乡村建设发展的"全面开花"。乡村振兴的总体要求是产业兴旺、生态宜居、乡风文明、治理有效、生活富裕，精准脱贫攻坚的任务是"两不愁三保障"，所以乡村振兴是脱贫攻坚的拓展，"有效衔接"呈现出了"由点及面"的特征，从散点脱贫场域到全面乡村地域转变，使得治理空间复杂多样，更多治理主体嵌入生产空间、生态空间、生活空间、文化空间中，将各类属性空间提档升级，促使乡村社会结构复杂多样，不再是脱贫攻坚时期单一行政力量主导，市场与社会力量配合的局面，而是形成了跨部门、跨区域、跨单位的政府、社会、群众同频共振的工作大合力①。

第二节　后扶贫时代巩固脱贫攻坚成效与乡村振兴战略有效衔接的价值逻辑

一、"有效衔接"深刻彰显让人民生活幸福是"国之大者"的价值理念

"国之大者"是一个意蕴丰富的宏观概念，党中央在深刻分析和准确研判国际趋势和国内形势后所提出的重大战略任务、传递的重要政策信号、确立的重要战略部署，都是"国之大者"。"民者，国之根也"，"让人民生活幸福"是立足党的政治本色、初心使命的具体化阐释，将"让人民生活幸福"寓于"国之大者"理念之中，赋予了"国之大者"抽象内涵以具象阐释，强调了人民始终是党的执政之基、生命之源。后扶贫时代，巩固脱贫攻坚成效与乡村振兴战略有效衔接深刻彰显了满足人民美好生活需求的现实要求、解决主要矛盾的实践要求以及实现全民族共同富裕的根本要求，让人民生活幸福使"国之大者"的价值理念得

---

① 王文彬．由点及面：脱贫攻坚转向乡村振兴的战略思考［J］．西北农林科技大学学报（社会科学版），2021，21（1）：52-59．

以充分展现。首先，"有效衔接"彰显了满足人民美好生活需求的现实要求。当前，脱贫攻坚靶向解决了贫困地区发展和贫困农民生存的基础性困境，彻底消除了绝对贫困问题，但是，我们仍应清醒地意识到，对人民美好生活需要的满足绝不能仅仅囿于对其基本生存需求的满足，人民美好生活需要是包括经济、政治、文化、社会、生态在内的具有多样性和递进性的复杂动态表达，而乡村振兴所倡导的"产业兴旺、生态宜居、乡风文明、治理有效、生活富裕"总体要求恰恰能够为人民美好生活需求的实现提供坚实的物质基础、充足的精神准备以及完善的政治保障。其次，"有效衔接"彰显了解决主要矛盾的实践要求。当前，发展不平衡不充分问题仍然突出，民生领域存在短板，致贫返贫风险依然严峻，城乡区域发展和收入分配差距依然较大等问题亟需解决，做好两大战略的有效衔接，逐步将工作重心由脱贫攻坚转向乡村振兴这一发展路径上来，有利于在巩固脱贫攻坚成果的基础上进一步缩小脱贫农户同其他群体的收入差距，缩小脱贫地区同其他地区的发展差距，助推更高水平、更高质量、更高效益的发展。最后，"有效衔接"彰显了实现全体人民共同富裕的根本要求。第二个百年奋斗目标的核心要义之一便是党带领包括农村居民在内的全体人民基本实现共同富裕。从决战决胜脱贫攻坚到全面推进乡村振兴的战略转变过程，也是从底线保障到实现渐进富裕、全民富裕、全面富裕以及共建富裕的耦合协调过程，共同富裕是两大战略的价值旨归，两大战略的有效衔接又为共同富裕目标的实现夯实基础。

二、"有效衔接"充分体现推动边疆民族地区高质量发展的客观要求

"在推动边疆民族地区高质量发展上闯出新路子"①，这是习近平总

---

① 邓建胜，李纵，张云河. 构建全方位开放发展新格局（沿着总书记的足迹·广西篇）[N]. 人民日报，2022-06-16（1）.

书记于 2021 年 4 月在广西考察时对建设新时代中国特色社会主义壮美广西所做出的重要指示。牢记总书记嘱托，在随后召开的自治区第十二次党代会上广西亦提出要"在边疆民族地区率先实现高质量发展"①。当前，我国已进入高质量发展阶段，包括广西在内的边疆民族地区也随之同步进入谋转型促发展的关键时期。受地形地势、气候环境、战略定位等多方面因素的影响，边疆民族地区农业人口和农业经济占比较大，社会经济发展较为滞后，曾一度是国家脱贫攻坚工作的困中之困、难中之难，因此边疆民族地区能否顺利实现脱贫，在很大程度上影响到国家全面建成小康社会的目标能否顺利完成。2020 年，我国如期完成新时代脱贫攻坚目标任务，顺利实现第一个百年奋斗目标，为保持政策的连续和稳定，中央又随即设立实现巩固拓展脱贫攻坚成果同乡村振兴有效衔接的五年过渡期。由于边疆民族地区具有贫困顽固性和返贫高风险性，因此，统筹巩固脱贫成果和推进乡村振兴两大任务，以巩固成果为前提、有效衔接为保障、防范化解致贫返贫为重点，踏实做好过渡工作，对于明确边疆民族地区的工作重心，进一步实现边疆民族地区高质量发展具有重要意义。一方面，作为经济增长相对滞后、发展平衡度相对较低、返贫风险较高的区域，边疆民族地区高质量发展内生动力与发达核心区域相比仍具有较大差距，五年过渡期为边疆民族地区提供了巩固拓展的时间，留够了缩小差距的余地，确保工作不泡汤、成果不流失，牢牢守住守好脱贫攻坚工作成效，为边疆民族地区高质量发展强基固本、夯实梁柱。另一方面，推进乡村振兴是实现高质量发展的主战场和"压舱石"，因此，在巩固和拓展脱贫攻坚成效的同时必须做好乡村振兴战略转变工作，以更完善的制度，更全面的要求，更先进的手段认

---

① 谭卓雯，赵超，吴家跃，等．深化改革强内功　描绘发展新蓝图［N］．广西日报，2022-10-19（4）.

真落实高质量发展要求，全力助推边疆民族地区高质量发展。

三、"有效衔接"高度契合推进中国式减贫治理现代化的全新要求

贫困是全人类共同面临的非传统安全威胁，是当今世界所面临的最严峻的挑战之一。中共十八大以来，在以习近平同志为核心的党中央坚强领导下，中国组织实施了人类历史上规模最大、力度最强的反贫困斗争，党和人民砥砺深耕、筚路蓝缕，攻坚克难，高质量完成脱贫攻坚任务，2021 年 2 月 25 日，在全国脱贫攻坚总结表彰大会上，习近平总书记庄严宣告：我国脱贫攻坚战取得了全面胜利①。这是我国经济社会发展的重大历史性成就，是造福中国人民、惠普世界民众的减贫治理优秀样本。当前，农村绝对贫困问题得以彻底解决，脱贫攻坚圆满收官，然而，现有标准下绝对贫困问题的解决并不意味着反贫困斗争的最终结束，减贫后续问题依然迫切且重要，它敦促着我们尽快踏上减贫治理历史新起点，设定新发展阶段减贫治理新目标新任务，中国式减贫治理现代化新征程才刚刚开启，减贫治理面临全新要求。一方面，减贫治理要继续拓展巩固现有成果。原因在于，当前部分脱贫人口自身"造血"能力尚且不足，对国家帮扶政策仍存在较强依赖，面临着极高的脱贫不稳定性和返贫高风险性，脱贫长效机制构建任重道远。另一方面，减贫治理要依时依势做出新改变。按照现行国家标准，中国在 2020 年解决绝对贫困问题之后，减贫战略将转向更繁复的相对贫困问题，因此，解决相对贫困问题必须跳出解决绝对贫困问题时的思维局限，而这就要求构建综合性、创新性的相对贫困治理机制，更加凸显培育治理对象的内生发展动力以及防范返贫长效机制建设，新形势新征程对中国减贫治理

---

① 赵超，徐扬，吴晶，等．向着全面推进中华民族伟大复兴奋勇前进［N］．光明日报，2022-10-16（2）．

提出新要求、注入新动能、带来新挑战。此情此景之下，推进两大战略有效衔接的规划部署恰恰精准契合了中国式减贫治理现代化的全新要求，在拓展巩固脱贫攻坚现有成果的基础之上，以乡村振兴为依托进一步拓展减贫治理新思路，使中国式减贫治理现代化新征程能够更稳、更快、更好的推进。

第三节 后扶贫时代巩固脱贫攻坚成效与乡村振兴战略有效衔接的模式选择

随着后扶贫时代的到来，如何做好巩固脱贫攻坚成效与乡村振兴战略有效衔接工作成为现阶段亟待探索的一个重点问题，这对于实现共同富裕目标具有重要意义。而随着全国各地的积极实践探索，逐渐涌现出一批后扶贫时代巩固脱贫攻坚成效与乡村振兴战略有效衔接的典型模式。具体可以分为以下几种。

一、帮扶协作模式

常态化的帮扶协作机制是解决贫困问题、有效防止返贫的重要手段。虽然当前我国已进入后扶贫时代，扶贫的工作重心开始向相对扶贫的方向转移。但受诸多因素的影响，集中连片特困地区的部分脱贫人口还存在着返贫致贫的风险，具有一定的不稳定性与风险性。此外，新的历史时期，帮扶的目标、对象、范围、重点等均发生了一定的变化。因此，为防止发生规模性返贫，实现脱贫攻坚成果与乡村振兴的有效衔接、平稳过渡，我国在延续脱贫攻坚时期帮扶政策的基础上创新优化帮扶模式。主要方式有结对帮扶、定点帮扶、驻村帮扶、产业帮扶、技能培训帮扶和东西部协作等，涉及的帮扶单位既有机关政府单位，也有企事业单位。

其中，比较典型的帮扶协作模式有粤桂协作模式。粤桂协作模式是我国为解决区域发展不平衡问题，实现共同富裕，东西部的政府、企业等主体在基础设施、人才交流、医疗卫生、教育发展、产业建设、劳务输送等方面展开全方位协作，通过政策引导、要素流动、优势互补、资源整合等方式来缩短地区发展差距，促进乡村振兴的一种特殊合作扶贫模式。而在打赢脱贫攻坚战，进入后扶贫时代后，为实现新阶段巩固脱贫攻坚长效同乡村振兴有效衔接，促进落后地区经济高质量发展，我国进一步深化拓展粤桂协作。在粤桂协作机制的推动下，2021 年以来，广西 20 个国家重点帮扶县获广东支持财政帮扶资金 20.29 亿元，占全区 33 个协作县财政帮扶资金总量的 60.33%①，动员社会力量投入帮扶资金 22260.01 万元，实施帮扶项目 460 个，帮助农村劳动力实现就业 730 120 人，脱贫地区经济得到较大发展，脱贫群众的生活水平持续提高。

二、产业融合模式

产业融合模式是指立足于地区实际情况，通过挖掘和利用其地域、区位和资源优势，深化农产品加工，延长农村的产业链条，促进乡村一二三产业的延伸与融合，从而推动乡村产业振兴。乡村振兴的关键在于产业振兴，而产业融合是实现乡村产业振兴的重要保障②。边疆民族地区大多处于偏远的少数民族地区，经济发展落后，产业基础较差，农产

---

① 广西壮族自治区人民政府：支持乡村振兴重点帮扶县工作新闻发布会召开 [EB/OL]．(2022-8-23) [2023-04-26]．http：//www.gxzf.gov.cn/zt/xwfb/gyjn20220823_140797/index.shtml.

② 陈学云，程长明．乡村振兴战略的三产融合路径：逻辑必然与实证判定 [J]．农业经济问题，2018 (11)：91-100.

品的附加值较低，二三产业融合不足，制约着乡村振兴的全面发展。因此，有必要培育边疆民族地区产业融合的新业态、新模式，促进乡村产业兴旺。

在产业融合的具体实践中，主要是结合地区发展特色，将农村的资源要素进行整合，如土地、资金、技术等，通过引导龙头企业"联农带农"，推动农产品的深加工，发展"农业+"模式等一系列手段，推动农村发展，实现脱贫攻坚成效同乡村振兴的有效衔接。例如，广西百色市西林县充分发挥地域、区位和资源优势，通过实施农产品加工计划、完善乡村旅游产品体系和强化农业全产业链等方式，积极推动一二三产融合，创新发展模式。截至2022年，共有农产品初级加工基地300余个，深加工基地5个，茶叶加工厂106个，实现了兴产业、促振兴。柳州市鹿寨县创新实施特色农业示范园区"百千亿"示范工程、探索"农业+乡村旅游"新模式等，2021年全县村集体经济收入达1580万元，45个村（社区）级集体经济年收入超过20万元，占比超过40%①。

三、多元联动模式

多元联动模式是指政府、市场和社会等多个治理主体共同参与到巩固拓展脱贫攻坚成效与乡村振兴战略有效衔接的过程当中，在"联中动"和"动中联"的机制中将政府、市场和社会中的人才、资本、技术和先进的管理等融入到乡村振兴里，各方治理主体整合力量共同发挥作用，而不再是以往以政府为主导的贫困治理模式。长期以来，我国的贫困治理一直是采取以政府为主导的行政治理模式，政府主导并全程贯

---

① 叶云．鹿寨县激发资源要素　推动乡村高质量发展［EB/OL］．（2022－12－02）［2023－02－05］．http：//xczx. gxzf. gov. cn/gzzc/xiangxunzhengxin/t13162421. shtml.

穿贫困治理工作，缺乏市场和社会等治理主体的有效参与①。虽然从治理成效来看，以政府为主导的脱贫攻坚战赢得了巨大的胜利，但这也在一定程度上削弱了市场和社会的作用。

因此，在后扶贫时代，在乡村振兴战略的实践中，开始构建起了政府、社会、市场等多元主体联动的模式。例如，为做好易地扶贫搬迁后续扶持工作，巩固脱贫攻坚成果，推进乡村振兴，广西河池市环江毛南族自治县因地制宜实践探索出的"五社联动"模式。"五社联动"是指在坚持党建引领的基础上，以社区为平台、以社会组织为载体、以社会工作者为支撑、以社区志愿者为辅助、以社会慈善资源为补充的现代基层治理行动框架②。在"五社联动"的行动机制下，环江毛南族自治县充分整合联动了基层治理的各行动主体要素，盘活了内外资源，破解了大型移民安置区后续管理和公共服务的难题，实现了巩固脱贫攻坚成效与乡村振兴的有效衔接。

---

① 李博，苏武峥. 欠发达地区巩固拓展脱贫攻坚成果同乡村振兴有效衔接的治理逻辑与政策优化 [J]. 南京农业大学学报（社会科学版），2021，21（6）：71-79.
② 湖北省民政厅课题组，孟志强."五社联动"助推基层治理体系和治理能力现代化 [J]. 中国民政，2021（17）：37-40.

第五章

创新集中连片特困地区乡村振兴
模式的路径

第一节 集中连片特困地区乡村振兴模式机制创新

一、集中连片特困地区乡村振兴面临的困境

近年来，国家以消除贫困、实现共同富裕为目标，大力推进脱贫攻坚各项工作，地方贫困治理水平不断提升，为接续实施乡村振兴战略打下坚实基础。党的十八大以来，我国创造了减贫史上的最好成绩，5年累计减贫 6600 万人以上。前述的"整乡推进""易地扶贫搬迁""整村推进""东西协作扶贫"扶贫治理模式运行中得益于一个共性的经验：政府主导、社会参与；规划引领、项目推进。这极大地改变了深度贫困地区贫穷落后的面貌，极大地增进了百姓的福祉。但为了更好地巩固脱贫攻坚成果与乡村振兴有效衔接，还需解决以下问题。

（一）治理主体较为单一

全球减贫治理经验证明，多元主体参与地方贫困治理是必要的。但我国多年来形成的政府全能性、一元治理的行政惯性依旧存在，社会力量的成长及参与治理的能力和程度不高，我国的贫困治理仍处于依赖各

级政府单一治理的局面。因此,单一的政府治理主体以惯用"压力式""运动式"的贫困治理模式加剧了政府整体治理负担,同时过多占据其他治理活动资源,影响政府整体治理的科学性和合理性。另外,政府在贫困治理中的一家独大,压缩了不同社会力量参与贫困治理的参与空间,难以激发其参与积极性、主动性,贫困治理力量没得到最大限度整合。

（二）贫困群众动力不足

"入之愈深,其进愈难"。从多维贫困视角出发,集中连片特困地区贫困人群的基本特征表现为"贫困程度深且长期陷于贫困状态"。这主要体现在以下几方面:一是基于价值观中的幸福感、认同感等方面易于满足,贫困群体不认为自己处于贫困状态,安于现状,虽具备良好的劳动能力,但不愿意为提高经济水平付出更多劳动。再加上乡土情结较重,难以跳出、摆脱"舒适圈","等、靠、要"思想的长期存在消解其脱贫致富的价值取向,此类状况在偏远贫困山区尤为常见。二是受外部自然环境及社会环境制约,缺乏致富的自然资源条件和劳动技能能力,导致脱贫人口虽具备劳动力,也具有致富意愿,但是缺乏持续性的脱贫致富条件而陷入返贫处境。三是生产发展以传统农耕劳作为主,并养成了对"输血式"扶贫的依赖,巩固脱贫攻坚成果难度较大。四是对长期贫困生活持消极态度,得过且过,安于贫困现况,认为注定贫困,喜欢悠闲甚至无为的生活状态,缺乏基本的脱贫动力。

由此可看出,集中连片特困地区的乡村振兴工作困难,除了地方自然资源匮乏和基础设施缺乏等原因,更多是由于贫困人口内生动力严重不足,造成扶贫工作进展缓慢、困难重重,且面临返贫的压力。因此,如何提高深度贫困地区人口的内生动力是乡村振兴工作的重点关注内容。

（三）压力型体制的弊端

自上而下的单向度扶贫，能够在短时间内应对突发问题，然而贫困治理、防返贫监测、乡村振兴是一项长期工程，需要久久为功。中国多年的治贫史以政府运动式、主导式为突出特点，依托的是行政压力型体制，通过"命令""控制"等形式，在扶贫指标分派后寻求各种政治资源。这种封闭的"体制内运作"的扶贫模式，不可避免地存在一定程度上的僵化和人治色彩，在解决"钱花到哪里去"的问题上，很难做到精准到户、因户施策、一户一策，并容易导致挤占挪用、贪污浪费等扶贫的异化现象。

（四）治理力量碎片化

随着市场经济不断发展，各地方公共事务不断增多，跨区域、跨行业公共事务的出现已成为常态，且市场经济下多元市场主体形成的多元社会，其公共事务涉及的不同对象对公共服务的诉求日益多样化，对高质量公共服务的追求日益增强。各级政府部门各自为政的治理模式已经落后于新的治理要求，协同治理成为地方治理必选途径。在实际治理过程中，协同式治理模式虽逐步建立，治理碎片化状况仍极为明显，其主要体现在两个方面：一是地方治理大多没有形成完善的协同治理制度，政策制定过程缺乏整体性的沟通，以致治理主体间难以达成一致意愿，利益分配不协调，阻碍着集体行动，各自为政成为治理的常态。比如，在扶贫资金整合问题上，发改委（局）、住建、交通、教育、水利等职能部门都是治理主体，但这些部门往往是自利性的，扶贫政策制定、落实往往优先考虑本部门的职能特征及利益诉求，各部门间的沟通往往是基于解决治理过程中的冲突而不是协同治理。因此，出现扶贫年限长，贫困群众产生依赖心理。二是地方治理力量分散，缺乏协同，势必导致交叉治理领域出现重复建设和冲突，造成资源的浪费和管理成本的增加，低效率也成为必然的结果。

二、贫困治理的新形势和新历史使命

脱贫摘帽不是终点，而是新生活、新奋斗的起点。中共十八届三中全会提出了"完善和发展中国特色社会主义制度，推进国家治理体系和治理能力现代化"的全面深化改革总目标，这意味着国家治理的正式登场，其方法论价值主要表现在运作环境、目标体系、作用领域、推进策略和技术模型等方面，以方法论为核心内容的国家治理强调治理过程中重塑治理机制和创新治理技术，过多专注于原有治理制度下对运转环节的变革或改进，停留在国家治理的方法论层面。要突破把治理当作一种权宜之计的局限思维，将其视为技术、手段、目标和战略思想的综合，注重从公共权力的有效制约和公民权利的有效维护角度入手，就有可能实现治理优化制度、治理发展制度、治理成功制度的中国特色发展目标。而对治理优化制度、治理发展制度和治理成功制度的创建和持续革新，是全面推进社会主义现代化建设的重要保障。

21世纪第二个十年是我国全面建成小康社会关键时期。在党的十八大提出2020年全面建成小康社会和全面深化改革开发的宏伟蓝图后，党的十九届四中全会提出到2035年基本实现社会主义现代化的远景目标，并将"基本实现新型工业化、信息化、城镇化、农业现代化建成现代化经济体系"作为目标之一，强调以经济建设、政治建设、文化建设、社会建设、生态文明建设为具体落实指标，实现"新四化"（工业化、信息化、城镇化、农业现代化），推进国家治理体系和治理能力现代化。而农村地区和贫困地区，按前文综述所言，占据我国地域和人口较大比例，是全面建成小康社会的重点和难点，尤其是集中连片特困地区，更是扶贫聚焦之地。同时，农村贫困治理是实现国家治理体系和治理能力现代化的重要环节，是我国集中连片特困地区地方政府治理体系中的重要组成部分。创新中国式现代化农村贫困治理机制，成了突破

新时期中国农村贫困治理困境的必然选择。

贫困治理发展到今天，面临着新形势和新的历史使命。2020 年，我国历史性地消除了绝对贫困，开启了迈向共同富裕的现代化新征程。习近平总书记在党的二十大报告中把全体人民共同富裕作为中国式现代化的重点特征和本质要求。共同富裕的中国式现代化新道路是中华民族伟大复兴的必然选择，而相对贫困治理又是实现共同富裕的必然过程和重要路径。农村贫困问题是人类从农业社会向工业社会及其现代化转变过程中面临的普遍问题，我国在大规模农业社会的基础上迈入现代化门槛，农村农民问题与我国贫困问题相生相伴，无论是在消除绝对贫困阶段，还是在实现共同富裕的进程中，解决好农村贫困问题都至关重要。党的二十大对全面建成社会主义现代化强国作出了两个阶段的战略安排，当前，我国正朝着全面建成社会主义现代化强国的第二个百年目标奋进，我国农村相对贫困治理目标必然从属和服务于第二个百年目标，最终落脚于共同富裕，从这一角度来看，我国农村相对贫困治理也必将以共同富裕为奋进目标和最终归宿。

第二节　创新集中连片特困地区乡村振兴机制的路径选择

2020 年，随着决胜脱贫攻坚战略的圆满完成，我国 14 个集中连片特区人口同全国各族人民一道迈入全面小康社会，国家扶贫战略的主要目标也随即从消除绝对贫困向缓解相对贫困转变、从脱贫攻坚战向巩固脱贫成果转变。习近平总书记指出，"脱贫摘帽不是终点，而是新生活、新奋斗的起点。要针对主要矛盾的变化，理清工作思路，推动减贫战略和工作体系平稳转型，统筹纳入乡村振兴战略，建立长短结合、标本兼治的体制机制"①。因此，要进一步创新集中连片特困地区发展机制，促进集中连片特困地区脱贫攻坚成果与乡村振兴有效衔接，推动集中连片特困地区经济、社会、生态实现可持续发展。

一、夯实"精准扶贫"治理成效

党的十八大以来，党和国家探索出来的系列"精准扶贫"理论体系为巩固脱贫攻坚成果与乡村振兴有效衔接提供了丰富而有效的借鉴经验。习近平总书记曾提出"扶持对象精准、项目安排精准、资金使用精准、措施到户精准、因村派人（第一书记）精准、脱贫成效精准"六个精准的要求。精准扶贫战略是深深立足于党的十八大以来的我国"三农"实际情况和乡村贫困问题、基于我国特色社会主义扶贫体系，并根据我国政治经济社会发展现实情况总结提出的，其中的关键核心在于"集中力量办大事"的政治定力和总揽全局，统筹各方的组织体系，通过聚焦贫困本质问题，重点关注贫困地区和群体，夯实和增强扶贫工作的成效，不断为乡村振兴打下坚实基础。

精准扶贫解决了集中连片特困地区极度贫困问题，有效实施乡村振兴战略是巩固脱贫攻坚成果、筑牢集中连片特困地区人口的返贫防线、提高集中连片特困地区的生产力水平、破解城乡二元结构的关键举措，同时对于推动城乡共同富裕、协调发展，尤其是集中连片特困地区的发展具有重要意义。新时代，我国的主要矛盾转变为人民日益增长的美好生活需要与不平衡不充分的发展之间的矛盾，主要矛盾推动路径创新，党和国家审时度势，将乡村振兴战略纳入国家战略体系之中，成为西部时代破解问题和化解矛盾的关键抓手。然而，我国在进行扶贫的过程中存在着一定程度的历史遗留问题，为此，要从夯实和巩固脱贫攻坚成果

---

① 习近平. 在决战决胜脱贫攻坚座谈会上的讲话［EB/OL］. 新华社，2020-03-06.

着手，进一步优化和创新集中连片特困地区乡村振兴的有效路径。

（一）改革与创新帮扶方式

一是帮扶资金划拨采取直接划拨资金的方式，根据地方实际规划与预算，从帮扶资金总额直接划拨或分批次、分期划拨，取消按项目划拨的方式，授予解放地方资金使用权利，充分发挥扶贫的自主及创新力；二是构建资金监督体系，尤其是做好多元主体积极参与资金使用决策机制和引入第三方监督体系，避免资金出现低效、滥用或者贪腐的问题；三是做好资金使用培训工作，地方基层各类工作人员长期习惯项目制下资金划拨方式，短时间内难以实现科学有效规划和使用帮扶资金来促进巩固脱贫攻坚成果与乡村振兴有效衔接，因此建立资金使用培训制度，培训常态化，确保资金使用到位；四是引入社会力量，多年来贫困治理由政府主导，一家独大的一元扶贫模式，在当前巩固脱贫攻坚成果与乡村振兴有效衔接的要求下显得政府人力物力明显不足，帮扶成效和周期不尽人意。因此，动员、引入社会力量参与帮扶工作，有效弥补政府力量在专业、数量、效率等方面的不足，对集中连片特困地区巩固脱贫攻坚成果与乡村振兴有效衔接有着重要意义。

（二）强化帮扶政策制定和实施的激励约束作用

巩固脱贫攻坚成果需要依托完善的体制机制才能取得最大成效。巩固脱贫攻坚成果的体制机制需要允许社会多元力量的共同参与，进一步完善各级政府和基层工作人员在薪酬补贴、职位晋升等方面的激励机制，同时也要建立违背帮扶政策的相关惩戒机制和约束条款。除此之外，还要进一步完善主动参与乡村建设的勤劳致富人群、对乡村振兴有突出贡献的群体的激励机制，通过金融扶持、资金补贴、评优评先等激励农村人口勤劳致富。通过推动管理制度的完善，形成倒逼机制，采取正面激励与惩戒机制相结合的方式，解决集中连片特困地区以及其他乡村振兴重点帮扶地区的"怠帮扶"等问题，促进乡村经济社会健康、有序发展。

（三）强化精准监测、精准帮扶

进入到巩固脱贫攻坚成果与乡村振兴有效衔接以来，防返贫监测不仅是新时期的重点工作，也是一项长期事业。因此，作为乡村振兴重点帮扶工作中的硬骨头，应当继续巩固集中连片特困地区按照扶持对象、项目安排、资金使用、措施到户、因村派人（第一书记）、脱贫成效"六个精准"的帮扶成果，精准做到新阶段的防返贫工作，建立防返贫监测户档案或台账，区别不同情况，因户施策、对症下药、精准滴灌、靶向治疗。做到在原来精准识别扶贫对象、明确致贫原因的基础上，针对不同类型的防返贫监测对象，结合国家、地方政策及经济、技术条件，实施"五个一批"的精准扶贫措施体系与防返贫工作有效衔接。

（四）落实党政一把手负责的帮扶责任制

我国是社会主义国家，党、政一把手在国家治理的各个层次中均扮演着重要角色，新时代，乡村振兴工作作为重要的政治任务，党、政一把手理所当然对新时代的帮扶工作担起主要责任。具体内容为：明确各级党政一把手对帮扶工作总负责制，落实省、市、县、乡镇在帮扶工作的管辖内容和职责，建立帮扶工作激励和保障机制，营造确保党政一把手致力于帮扶工作的行政环境；同时，做好规范实施在帮扶最前线的扶贫工作队和驻村第一书记绩效考评工作，激发一线负责人的积极性和发挥一线引领作用，从而形成省市县乡村五级形成明确的帮扶职责，为巩固脱贫攻坚成果与乡村振兴有效衔接提供组织保障。

二、加强防返贫工作的整体性治理

（一）理顺政府治理结构

党的十八届三中全会对深化改革背景下的政府作用做了明确界定，

指出为实现"科学的宏观调控，有效的政府管理"，必须"切实转变政府职能，深化行政体制改革，创新行政管理方式，增强政府公信力和执行力，建设法治政府和服务型政府"。政府治理过程中，治理主体结构、治理核心结构由多种权利主体组成，其主体沟通环节的平等性、信息传递及协同交流渠道的顺畅性，使多种权利主体构成的治理结构在实际乡村帮扶活动中呈现出良好的治理效能，形成良性循环。治理主体结构中原有的一元主体转为多元交互主体，是当前治理结构主体转变的可行途径；多元治理主体的组成，有助于促进治理结构的扁平化及网络化，与我国当前政治、经济、社会发展要求相适应。因此，理顺集中连片特困地区地方政府治理结构，关键是在正确认识政府、市场主体、社会组织及乡村人口在防返贫过程中重要作用的基础上，理顺各个主体之间的关系，充分发挥各个主体在地方贫困治理防返贫中的效能。在现行政治体制下，构建地方政府治理多元结构，并非是弱化或者边缘化政府在乡村治理以及其他治理活动中的主导作用，而是在社会主义市场经济形成的背景下重塑政府职责，满足多元主体的诉求，进一步优化治理流程、提升治理效能。

（二）优化政府治理机制

多元化的治理主体，其治理结构由原有的层级结构转为网络结构，同时其治理机制也需要重新架构。集中连片特困地区地方政府治理机制较为传统、保守，要实现对传统"命令—控制"的方式运行的突破和优化，就必须发挥我国政治体制中自我优化的优势并借助成熟的社会主义市场机制，明确防返贫治理中政府、市场、社会、公民的共同利益和诉求，采取以政府为主导，多元主体之间平等协作共治的形式，构建多元治理为主体的网络治理机制，有效摒弃原有治理机制中信息沟通不畅或失真及治理力量碎片化等顽疾，实现新时代高防返贫治理效机制。

三、强化社会动员机制，加大社会帮扶力度

（一）大力推进社会帮扶的意义

"扶贫开发是全党全社会的共同责任，要动员和凝聚全社会力量广泛参与"①。新时期，充分认识动员全党全社会参与是巩固脱贫攻坚成果与乡村振兴有效衔接的关键一步，构建新时代的帮扶大格局，坚持全党动员，凝聚社会各方力量，形成巩固脱贫攻坚成果与乡村振兴有效衔接的强大合力。

如今，可以说社会扶贫的基本内涵是提倡大力推进社会动员、整合资源参与乡村振兴重点帮扶地区的治理。② 社会动员指的是国家、政府、政党等公共主体通过多元方式和多种渠道来影响社会群体，改变社会群体思想动向和价值态度，形成统一的社会认同的价值观和目标，从而引导和组织社会群体共同参与社会运动中，以达成特定的公共目标等行为。社会动员能够激起公共群体的政治参与积极性，提高公共主体的治理权威，促进社会成员凝聚等功能。③

社会扶贫这一说法首次出现是在中共中央、国务院发于 2011 年年底的《中国农村扶贫开发纲要（2011—2020 年）》，随之被众多学者引用及分析，而中共中央办公厅、国务院及国务院扶贫办于 2013 年年底、2014 年 5 月发布文件，进一步对社会扶贫的内容及机制创新问题作出

---

① 习近平. 全党全社会继续共同努力，形成扶贫开发工作强大合力 [EB/OL]. 人民网，2014-10-18.

② 2013 年年底，《中共中央办公厅、国务院办公厅联合印发了〈关于创新机制扎实推进农村扶贫开发工作的意见〉的通知》（中办发〔2013〕25 号），该文件提出了扶贫开发的新战略，标志着我国扶贫工作进入社会性创新驱动的新阶段。此后，国务院扶贫办根据该《意见》，于 2014 年 5 月印发了《创新扶贫开发社会参与机制实施方案》的通知（国开办发〔2014〕31 号），集中就扶贫开发中社会参与机制的实施问题提出了系统的设想。

③ 王振海. 社会动员：一种国家治理方式 [J]. 学习时报，2014-05-26 (A15).

进一步的阐述和展望。一是强调以切实可行的政府制度动员各类社会主体参与帮扶行动，认为贫困始终与政府、经济、社会等因素相关，尤其是市场经济高速发展产生了多样化的社会矛盾，导致致贫因素、返贫因素多样化、复杂化不断加深，反贫困本质上更需要由原有的政府大包大揽转为政府、市场、社会、公民多方协同推进，尤其是经济新常态下，调动社会各方力量，整合社会资源，更能有效应对新问题，顺利破解新时代的相对贫困问题；二是广泛动员全社会力量参与帮扶活动本是我国多年来贫困治理的组成部分，虽然以往长期扮演补充、次要角色，但亦体现了我国社会主义制度下集中力量办大事的优越性和中华民族互帮互助的传统美德。因此，开展广泛的社会动员，从制度及具体措施方面鼓励多元主体参与贫困治理，建立对应的支持体系有着极其重要的意义。

（二）加快社会帮扶机制创新

当前农村帮扶仍存在着这种问题，目前参与帮扶机制呈现出政府扶贫资金供给的单一化状况，虽然政府主导资金供给利于提高社会动员能力，增强扶贫效果，但是一定程度上挤压了其他的参与力量。部分地方政府因为缺乏政策指导、社会组织能力和多元参与渠道等，即便有意向在帮扶过程中引入市场竞争机制，但也无法提高社会力量的参与度。所以必须基于多元主体构成的社会帮扶主体的特性，加快创新构建社会帮扶机制，新的帮扶机制必须围绕多元主体构成这一核心因素。要求社会扶贫机制包括多元主体认定机制、参与机制、信息交流机制、新的多元主体协调合作机制和激励、监督机制等，逐步形成帮扶工作驱动力向机制创新驱动方向转变的新局面。

同时，扶持乡村发展、推动实施乡村振兴战略是全社会的事情，创新现时代的帮扶机制离不开营造全社会关心扶贫、爱心助贫的良好氛围，形成政府、市场、社会协同推进的大帮扶工作格局，才能将新时代的帮扶工作科学合理化、社会化。一是创新工作格局，即充分发挥社会主义制度下政府的引领作用和市场机制作用，构建政府、市场、社会协同的帮扶治理格局。具体内容为：一方面要推进市场经济发展，以市场机制加强社会参与的动力、能力及创造力；另一方面，政府做到致力于提升公共服务质量，尽快出台和完善社会力量参与扶贫的相关政策，搭建各类各层次社会帮扶服务平台，实现鼓励市场主体、民间组织和个人积极参与帮扶的目的。二是加快完善支持社会帮扶机制。重点是各级政府转变政府管理理念，优化部门职能，由原有大包大揽的行政惯性转向简政放权，更多采取宏观管理手段，营造良好规制扶持环境，吸引社会资源向乡村地区尤其是乡村振兴重点帮扶地区、以及原来的集中连片特困地区转移，实现利益共享。三是进一步巩固和壮大原有扶贫大格局，即继续推进东西协作、党政机关定点帮扶、专项帮扶、行业帮扶、社会帮扶等多主体参与帮扶机制，持续激发社会各界参与帮扶开发积极性。

四、激发乡村群众脱贫内生动力

人是生产力中最活跃的因素，农民作为乡村的主人，是推动乡村经济社会发展的主体力量、中坚力量，在推进乡村振兴战略、推进增收致富中扮演着举足轻重的角色，应该树立主人翁意识和责任感，以雄厚的群众基础积极参与到乡村建设中来。

党的十九大报告中提出"注重扶贫同扶志、扶智相结合"的思想，将经济民生意义上的扶贫和精神层面的脱贫有机结合，将单纯的物质层面脱贫与意识形态领域的脱贫相结合，极大丰富和拓展了中国特色扶贫理论和实践。同时，这也为我国今后巩固脱贫攻坚成果与乡村振兴有效衔接的实践提供了可遵循的理论与经验。

（一）加强思想教育，解决乡村群众精神贫困问题，提振乡村振兴"精气神"

习近平总书记强调："摆脱贫困首要意义并不是物质上的脱贫，而是在于摆脱意识和思路的贫困。"要注重教育引导，坚持物质文明和精神文明两手抓、两手硬，切实加强农村精神文明建设，强化对群众的教育引导，通过统一思想协调好群众关系，凝聚起巩固脱贫攻坚成果与推进乡村振兴战略的强大合力。要注重激发乡村群众内生动力，除了在培育致富产业上下功夫外，更要在"扶志"和"扶智"上发力，在激发自主创业、勤劳致富方面力求突破。"要把事事求诸于人转为事事先求诸于己"，充分认识和发挥自身优势以及创造性，敢想敢干，自力更生，宁愿苦干，不愿苦熬。只要转变和更新乡村传统、保守的思想，致富的办法和干劲自然就会有，强村富民才有希望，乡村振兴的目标才能真正实现。

由于过往政府"输血式"的扶贫模式和贫困群众自身原因，当前部分乡村群体仍存在"等、靠、要"思想，对此，加强宣传教育力度是解决思想问题的最佳途径。一方面，整合宣传教育资源，建立多方宣传渠道，如包括传统电视广播、标语横幅，新型传播工具微信、短信、短视频，甚至包括基层培训场所、宣讲车等，全方位营造"劳动光荣、勤劳致富"的宣传舆论氛围，以水滴石穿的宣传劲头转变乡村群众思想。另一方面做好详细全面的官方权威政策宣传，包括防返贫监测识别、帮扶政策、惠农政策等，让部分乡村群众去除依赖心理和认识误区。中国国际扶贫中心副主任黄承伟认为①，要发挥先进典型的先锋模范作用，积极发现、积极塑造乡村人口中依靠自强不息的意志和艰苦奋斗实现增收致富的先进典型；以国家大政方针作为指引，通过形式多样的方式大力宣传本地致富带头人和返乡创业模范的先进事迹，营造安贫可耻、致富光荣的鲜明导向，鼓励贫困群众向先进典型看齐，激发贫困群众主动劳动、积极就业的意愿和对美好生活的向往。要充分挖掘群众

---

① 黄承伟. 攻克深度贫困地区脱贫任务——深刻领会习近平总书记关于解决深度贫困问题的重要论述［EB/OL］. 宣讲家网，2018-06-20.

身边鲜活生动的脱贫励志百姓事迹，发挥典型带动作用，在全区形成"县看县""村看村""户看户""你行我也行""你干我也干"的干事创业氛围，振奋群众干事创业"的积极性和精气神。同时要大力鼓励乡村群众积极就业和劳动致富来实现对美好生活的追求，进而帮助他人、服务社会、报效国家。帮扶工作相关主体应摒弃原有"输血式"帮扶模式，即不能简单地直接给困难群众发放资金、物资及生产原料，而是采取具备激励作用的各类补贴机制、以工代赈机制等，引导乡村群众通过勤奋劳动脱贫致富；改变过去参与式扶贫模式，要创造条件促使乡村群众参与乡村建设、乡村振兴的各项流程，充分参考乡村群众关于劳动就业、发展农业、提高生计水平的想法、意见、建议，增加乡村群众对农村事业的认同感和收益的获得感，实现激发和培育乡村群众内生动力和自我发展能力。

（二）开展技能培训，提高自我发展能力

多年扶贫攻坚经验中，除了极少部分贫困群众致贫原因是丧失劳动力和懒惰、不思进取外，绝大多数贫困群众致贫的原因是缺乏脱贫致富的思路和劳动技能，因此，对贫困群众开展知识、技能、理念方面的培训尤为必要。具体措施建议如下：第一，明确区分致贫类型，对丧失劳动力的乡村群众，地方政府结合当前帮扶政策，符合条件的采取直接纳入低保范围，通俗而言就是政府"兜底"，直接解决贫困问题；第二，对其余绝大多数有脱贫致富意愿但又缺乏相关的有效致富技能的乡村群众而言，可以结合市场需求开展职业技能培训，帮助乡村群众提升就业能力、创业自信心，实现有劳动能力的农户至少有一人实现稳定就业和稳定创收。尤其要紧密结合当前国家乡村振兴战略要求，发挥地方政府"运动式"帮扶的优势，积极整合地方人才、资金、设备等资源，构建契合地方经济状况和农民发展特点的培训机制，实现培训活动落实到基层，效果惠及到个人，对符合发展地方各类产业，实现乡村振兴所需的技术、技能重点开展培训，使乡村群众具备增收致富的能力，从根本上防止返贫，同时逐步培养形成地方产业发展人才库，实现以人才助力乡村振兴的目标。

（三）注重教育帮扶，阻断贫困代际传递

消除贫困、实现共同富裕是我国全面建成小康社会的必经之路，也是社会主义的本质要求。我国多年的脱贫攻坚工作中，攻破贫困的代际传递一直是一个亟待解决的难题。习近平总书记曾指出，要坚决阻止贫困现象代际传递。实施"教育帮扶"能让乡村地区特别是曾经的集中连片特困地区的适龄儿童掌握知识，以知识改变命运、摆脱贫苦是最有效、最彻底的"拔穷根"。

集中连片特困地区群众整体受教育程度有限、文化素质偏低，同时长期处于落后的经济文化生活中，教育支出往往超过其承担能力，出现"因学致贫"现象。因此，开展教育帮扶工作，可以侧重考虑以下几个方面：

第一，地方各级政府做到全面领会教育部、国家乡村振兴局出台的各类文件精神，发挥教育在提升人口素质的主阵地作用，从根本上阻断贫困代际传递，打破受帮扶地区、困难群众的信息孤岛，提升其知识能力水平，并通过教育帮扶帮助其将知识优势转化为发展优势；第二，整合国家专项项目资金、转移支付、社会资金等多渠道资金来源，创新构建教育帮扶资金筹集机制，促进受帮扶地区、困难群众教育帮扶资金有序流入，实现直接以资金大量注入尽快实现教育帮扶的功能；第三，教育帮扶要始终围绕巩固脱贫攻坚成果、实施乡村振兴主题展开，即教育帮扶要优先面向教育条件较差的乡村地区，改善其各方面办学条件，尤其是改善乡村学校的师资配备、硬件设施、寄宿条件等，确保受帮扶地区、困难群众子女能享受正常的基础义务教育，实现教育均等化；第四，关注受帮扶地区、困难群众的教育短板，尤其是最为明显的学前教育供给数量和质量问题，创新受帮扶地区学前教育供给机制，解决困难家庭子女学前教育问题；第五，建立乡村教师供给机制，如制定面向乡村振兴重点帮扶地区的教师专项定向培养机制、支教机制、职称评定机制等，通过培养、交流等多方面措施着手解决乡村教师供给问题；第六，完善乡村振兴重点帮扶地区学生资助体系，做到全方位覆盖各个学段，严格落实控辍保学。通过以上各项措施，确保真正做到"扶贫先扶智""治贫先治愚"，充分发挥教育在阻断贫困代际传递的积极作用。

（四）发展特色产业提高乡村地区自我发展能力

进一步强化乡村产业提质增效是巩固脱贫攻坚成果与乡村振兴有效衔接的根本之策。想要推进强村富民、实现乡村振兴离不开幸存产业的支撑。新时代，乡村地区特别是乡村振兴重点帮扶地区面临的主要问题还是产业发展问题，只有帮助其找准发展路子、谋划产业布局才能更好地帮助乡村群众增收致富。

第一，大力推行土地流转。农业发展发达的区域证明，在当前农村劳动力大量流出，闲置土地增加，土地流转能实现农村土地的有效利用，尤其流转能让土地实现规模运营，形成农业规模效益，降低成本，有助于提升农民收入水平。

第二，创新产业经营模式，推广"农业合作社""龙头企业+""互联网+"等多元化、现代化、技术化的经营模式，借助更高效的手段快速整合农户及乡村地区的产业发展资源，减少内耗，降低管理成本，适应现代市场经济要求，提升乡村地区产业市场竞争力，提高产业利润，以产业促增收。

第三，致力于打造乡村地区特色产业，提升地方特色产品的品牌效应。继续高质量推行"一村一品，一乡一业"模式，走具有地方特色的产业化发展道路，构建"县有乡村振兴支柱产业，村有强村富民主导产业，户有增收致富项目"的产业发展格局。并且在发展过程中，以市场需求为出发点，政府主导资源整合，引导企业与农户达成合作，积极借助互联网销售平台，做好品牌运营，最终实现产业带动致富。

第四，是大力发展特色农业和休闲旅游产业。基于市场需求和有借鉴作用的成熟经验，因地制宜的在贫困地区开展种养殖业、农产品加工业、休闲农业等有助于体现地方特色的农业产业项目，打造市场美誉度、知名度、收益率更高的农产品品牌，同时做好特色农业和地方旅游业的有机结合，实现以休闲旅游带动增收致富。

（五）强化组织保障，统筹推进"创业致富带头人培育工程"

当前，"一人创业、带动致富"的农民创业景象已经形成，农民创业正成为增收致富的新引擎和区域经济社会发展的新力量。当前农民创业的主体主要集中在返乡创业农民工群体。他们通过创业示范带动了其他农民收入水平的提高，有效助推了乡村振兴。对于乡村致富带头人的培育和管理，要通过加强基层党建来强化组织保障，统筹推进"创业致富带头人工程"。

突出县抓落实，强化党建引领。各县成立以县委、县政府主要领导为组长的"县创业致富带头人培育工程领导小组"，明确"一把手"负责制，构建县、乡、村三级书记抓培育责任机制。制定一系列制度、办法和操作方案，形成致富带头人培育政策性文件。建立督查考评机制，加强督查督办，把培育创业致富带头人工作列入乡村振兴考核范围，对各乡镇、村致富带头人的带动增收实效进行考核评估。加强专业指导，强化人才支撑。聘请高校、企业等农业产业专家作为咨询顾问，指导实施创业致富带头人培育工程提升行动。成立创业致富带头人服务中心，承担培训孵化、创业指导、队伍管理、技术服务等工作，为致富带头人提供全方位服务；成立新时代农民讲习所，传授农业种养经营技术，增强致富脱贫能力。通过实施基层党建与致富带头人互促互转，将优秀创业致富带头人培养成党员、推荐选拔为村"两委"干部，将村"两委"

干部培养成创业致富带头人。

探索"创业致富带头人培育工程新模式"。一是建立培训基地。在上级政府的支持和帮助下，强化粤桂扶贫协作机制，建立创业致富带头人培训基地，对创业致富带头人开展系统培训。二是探索新机制。探索"致富带头人+自立发展扶贫协会+农户"创业致富带头人带动机制，提高农户组织化程度。有效消除农户"等、靠、要"的消极思想，变"输血式"帮扶为"造血式"帮扶。三是出台系列支持激励政策，实施促进本土人才回引创业提升行动激励本土人才回引、扎根农村创业。在创业培训、金融、财政、用地、税费等方面予以扶持设立创业致富带头人产业培育发展基金为创业致富带头人带动贫困户发展产业提供保障。

（六）注重优秀传统文化作用，促进本土文化与市场经济有效衔接

社会学家奥斯卡·刘易斯的"文化贫困"理论中提到，长期处于贫困状态的民众会形成特有的安于贫困的价值观，其价值观所体现出的行为准则和思维方式对后代和周围有着明显的同化效应，使贫困情况有着较大的几率持续扩散和延续。也就是说，只有使贫困群众摆脱已有的消极的贫困文化的羁绊和束缚，他们才能真正融入现代生活，进而享受经济发展带来的好处和实惠。可以理解为："贫困文化属于一种可以形成一整套自我维持和扩散的文化体系，贫困人口长期在贫困状况下生活，基于生存本能生物本身心理和生理对环境自然产生的适应性调整，会逐步形成适应贫困状况的行为准则和思维习惯，甚至安于贫困现况，不愿意对生活重新规划和打破贫困困境，缺乏积极向上的动力或能力，固执己见且怀疑权威。"①"一旦形成安于贫的亚文化，则会对与自身有着密切联系的后代及周围人群产生极大的负面影响，使贫穷出现代际传

---

① 莫光辉，张菁. 基于"人本主义"视角的贫困人口扶志扶智路径创新［J］. 中共中央党校学报，2018，22（3）：102-110.

递，容易出现贫困加深与贫困文化固化的恶性循环。"①

因此，在曾经的集中连片特困地区加强乡村文化建设，是弱化返贫风险的必要途径之一。第一，发挥我国在长期农村工作中培养起来的乡村文化的重要作用，积极探索以社会主义核心价值观为指导，结合乡村多种通俗易懂的乡村文化元素，让乡村群众逐步摆脱安于贫困的思维习惯和行为方式，进而消除贫困文化的负面影响和代际传递，树立起符合社会主义核心价值观，积极向上、乐于进取的良好心态；第二，以乡村文化建设提升乡村群众文化素质，即通过举办形式多样的乡村文化活动，借助活动中各项元素，培养和睦的邻里关系、健康的乡村文化娱乐方式和符合现代文明的生活方式，拒绝攀比、懒惰和封建迷信；第三，培养乡村良好家风，即通过各种形式的文化宣传活动、典型示范作用等方式，营造乡村家庭和睦、互敬互爱、共同进取的良好风气；第四，培养良好的乡村道德观念，即破除嫌贫怨富，不劳而获，低俗行为等不良道德表现形式，建立符合现代文明道德观念，改变贫困地区乡村软弱涣散的精神风貌。

五、完善与创新粤桂协作长效机制

（一）立足国家区域发展总体战略

东西部协作是党中央、国务院为缩小东西部发展差距，促进共同富裕作出的重大战略决策。我国国家制度和国家治理体系具有多方面的显著优势，其中的重要一条就是"坚持以人民为中心的发展思想，不断保障和改善民生、增进人民福祉，走共同富裕道路"。后脱贫时代，要继续立足国家区域发展总体战略，深入推进巩固拓展脱贫攻坚成果同乡

---

① 王洪光，勾学玲. 贫困文化视角下的贫困地区新农村建设研究［J］. 大庆社会科学，2010（3）：46-48.

村振兴有效衔接，聚焦产业、劳务、消费等关键领域，进一步深化结对帮扶关系，创新开展机关党建协作，增强脱贫地区内生发展能力，让脱贫群众过上更加美好的生活，逐步走上共同富裕道路，推动粤桂协作取得全面胜利。

（二）落实协作重点

助力巩固拓展脱贫攻坚成果，全面推进乡村振兴。要保持帮扶政策总体稳定，支持协作地区实施乡村建设行动，补齐基础设施短板、提升基本公共服务水平，持续改善村容村貌和人居环境，加大对国家乡村振兴重点帮扶县的支持力度，帮助改善发展条件、提升发展内生动力。其中，要重点加强产业协作，继续到广东举办乡村地区特色资源、文化旅游、名特优产品宣传推介活动，积极承接广东加工贸易转移优质项目，共同推进粤桂合作特别试验区、深巴大健康特别试验区、深百产业园建设。借助广东优势资源，着力加大就业扶贫、教育扶贫、健康扶贫、生态扶贫协作力度，积极开展好学校"一帮一"结对帮扶、医疗机构结对共建等工作，在共同服务和融入新发展格局中把粤桂合作引向深入。

（三）精准扶持广西乡村振兴重点帮扶县

新时代，广西有44个乡村振兴重点帮扶县，县域内乡村无劳动能力人数、残疾人人数、低保户数较多，需要采取超常规措施来弥补传统帮扶措施的不足。把握粤桂协作机遇大力整合区内资源和粤桂帮扶，加大对乡村地区的资金、项目、政策等多方面倾斜支持力度，重点投向民生改善和社会事业发展，切实补齐基础设施和基本公共服务短板，不断改善乡村地区群众生产生活条件。同时建立和完善粤桂协作资金管理办法，确保帮扶协作资金高效、安全使用，每一分钱都用在乡村群众身上，符合国家考核标准和要求。并且要主动与广东对接，共同推动广东有关乡镇（街道）、社区与广西乡村振兴重点帮扶村建立结对帮扶关系，完善"省、市、县、乡、村"五级立体化结对帮扶体系。持续巩固拓展脱贫攻坚成果，加快实施乡村振兴战略，做好"后半篇"文章。

（四）着重落实产业劳务民生等领域的帮扶协作

协调推进粤桂合作，特别是试验区等产业园区的建设，支持建设一批返贫风险户参与度高的特色产业基地，进一步挖掘旅游等领域合作潜力，完善省级劳务协作组织化和精准对接机制，大力开展职业技能培训，把解决人口就业与珠三角地区缺工问题结合起来，组织更多的劳动力前往广东就业；继续选派优秀教师和医生开展支援和交流，提升受帮扶地区教育和医疗水平；积极推进脱贫村创业致富带头人的培训，打造一支地方特色的脱贫致富的人才队伍。

（五）加强交通基础设施互联互通协作

加快推进桂林—玉林—湛江—海口高铁、柳州—岑溪—罗定—广州铁路建设。推动规划新增深圳—江门—玉林—南宁高速铁路。加快推进贺州至连山高速公路、钦州至山口高速公路改扩建工程、浦北至北流（清湾）高速公路等路网建设。提升珠江—西江航运能力建设，共同提升航道设施、过船能力建设，重点推进贵港——梧州3000吨级航道工程（长洲枢纽至梧州界首段），打造珠江—西江"黄金水道"。共同推进环北部湾水资源配置工程前期工作，加快大藤峡水利枢纽等重大水利工程建设。共同推动珠江—西江水运上升为国家战略，共同争取国家发展改革委、交通运输部、水利部的支持，解决制约珠江—西江"黄金水道"的瓶颈问题。研究推动桂林、北海等广西二线城市与深圳、广州等广东二线城市航线互联互通，研究开通广西二线城市直达广东二线城市的航线。

（六）改造与完善协作考核机制

其一，加强组织领导考核。主要包括召开会议专题研究部署东西部协作工作，落实东西部协作政策举措、编制规划计划、明确责任部门情况等。其二，巩固拓展脱贫攻坚成果考核。主要包括组织农村劳动力到省外就业、在省内就近就业和在东部帮扶省市稳岗就业情况；落实帮扶资源向国家乡村振兴重点帮扶县倾斜支持情况等。其三，深化区域合作成效考核。主要包括出台或落实优惠支持政策、深化"放管服"和投资便利化改革、创造良好营商环境情况；共建产业园区，建立利益联结机制及群众受益情况；落地投产企业个数、实际到位投资额和吸纳就业等情况。其四，推进乡村振兴成效考核。主要包括乡村振兴干部人才培养情况；提出有针对性的帮扶需求、规范管理使用财政援助和社会帮扶资金、推进帮扶项目实施情况等。其五，工作创新情况考核。主要包括将东部地区乡村振兴经验做法，复制推广到西部地区情况；在巩固拓展脱贫攻坚成果、全面推进乡村振兴、加强区域协作中的创新工作情况；引进东部地区企业、社会组织等社会各方面力量参与东西部协作工作情况等。

主要参考文献

中文著作类

［1］习近平．习近平关于社会主义经济建设论述摘编［M］．北京：中央文献出版社，2017.

［2］奥斯特罗姆．公共事务的治理之道：集体行动制度的演进［M］．余逊达，陈旭东，译．上海：三联书店，2000.

［3］詹姆斯·Q.威尔逊．官僚机构：政府机构的作为及其原因［M］．孔艳，等译．北京，生活·读书·新知三联书店，2006.

［4］埃哈尔·费埃德伯格．权力与规则：组织行动的动力［M］．张月，等译．上海，上海人民出版社，2008.

［5］王浦劬．政治学基础［M］．北京：北京大学出版社，1995.

［6］詹姆斯·斯科特．国家的视角——那些试图改善人类状况的项目是如何失败的［M］．王晓毅，译．北京：社会科学文献出版社，2004.

［7］邓小平．邓小平文选［M］．北京：人民出版社，1993.

［8］俞可平．治理与善治［M］．北京：社会科学文献出版社，2000.

［9］理查德·D.宾厄姆．美国地方政府的管理：实践中的公共行政［M］．九州，译．北京：北京大学出版社，1993.

［10］习近平．习近平扶贫论述摘编［M］．北京：中央文献出版社，2018．

［11］邓小平．邓小平文选（第3卷）［M］．北京：人民出版社，1993．

［12］党的十九大报告辅导读本［M］．北京：人民出版社，2017．

［13］中共中央文献研究室．十八大以来重要文献选编（下）［M］．北京：中央文献出版社，2018．

中文期刊、学位论文

［1］王浦劬．国家治理、政府治理和社会治理的基本含义及其相互关系辨析［J］．社会学评论，2014，2（3）．

［2］王浦劬，李风华．中国治理模式导言［J］．湖南师范大学社会科学学报，2005（5）．

［3］唐亚林．国家治理在中国的登场及其方法论价值［J］．复旦学报（社会科学版），2014（2）．

［4］周志忍，蒋敏娟．中国政府跨部门协同机制探析——一个叙事与诊断框架［J］．公共行政评论，2013（1）．

［5］竺乾威．从新公共管理到整体性治理［J］．中国行政管理，2008（10）．

［6］曾令发．合作政府：后新公共管理时代英国政府改革模式探析［J］．国家行政学院学报，2008（2）．

［7］周雪光．运动型治理机制：中国国家治理的制度逻辑［J］．开放时代，2012（9）．

［8］周雪光．权威体制与有效治理：当代中国国家治理的制度逻辑［J］．开放时代，2011（11）．

［9］徐湘林．转型危机与国家治理：中国的经验［J］．政治学研

究，2010（5）.

[10] 范小建. 坚持开发式扶贫努力完成既定目标 [J]. 老区建设，2008（19）.

[11] 谢婷停，司登奎. 收入流动性、代际传递与农村反贫困——异质性视角下新疆30个贫困县的实证分析 [J]. 上海财经大学学报，2014（2）.

[12] 杨云. 人力资本视野下西部民族地区反贫困的路径选择 [J]. 思想战线，2007（4）.

[13] 吴家庆，王毅. 中国与西方治理理论之比较 [J]. 湖南师范大学学报（社会科学版），2007（2）.

[14] 马得勇. 测量治理：国外的研究及其对中国的启示 [J]. 公共管理学报，2008（4）.

[15] 包国宪. 治理、政府治理概念的演变与发展 [J]. 兰州大学学报，2009（3）.

[16] 渠敬东. 项目制：一种新的国家治理体制 [J]. 中国社会科学，2012（5）.

[17] 折晓叶，陈婴婴. 项目制的分级运作机制和治理逻辑——对"项目进村"案例的礼会学分析 [J]. 中国社会科学，2012（4）.

[18] 张良. "项目治国"的成效与限度——以国家公共文化服务体系示范区（项目）为分析对象 [J]. 人文杂志，2013（1）.

[19] 陈家建. 项目制与基层政府动员一对社会管理项目化运作的社会学考察 [J]. 中国社会科学，2013（2）.

[20] 蔡立辉，龚鸣. 整体政府：分割模式的一场管理革命 [J]. 学术研究，2010（5）.

[21] 胡象明，唐波勇. 整体性治理：公共管理的新范式 [J]. 华中师范大学学报（人文社会科学版），2010（1）.

[22] 冯仕政. 中国国家运动的形成与变异: 基于政体的整体性解释 [J]. 开放时代, 2011 (1).

[23] 周雪光. "逆向软预算约束": 一个政府行为的组织分析 [J]. 中国社会科学, 2005 (2).

[24] 王礼鑫. 动员式政策执行的"兴奋剂效应"假说 [J]. 武汉大学学报 (哲学社会科学版), 2015, 68 (1).

[25] 陈长虹, 黄祖军. 有效治理视阈下基层政府动员转型 [J]. 西华师范大学学报 (哲学社会科学版), 2014 (4).

[26] 贺东航, 孔繁斌. 公共政策执行的中国经验 [J]. 中国社会科学, 2011 (5).

[27] 张亮, 杨瑚, 唐志强, 等. 肃南县贫困地区赋权参与式反贫困研究 [J]. 商业时代, 2011 (2).

[28] 沈红. 中国贫困研究的社会学评述 [J]. 社会学研究, 2000 (4).

[29] 莫光辉, 张菁. 基于"人本主义"视角的贫困人口扶志扶智路径创新 [J]. 中共中央党校学报, 2018, 22 (3).

[30] 杨华, 袁松. 行政包干制: 县域治理的逻辑与机制——基于华中某省 D 县的考察 [J]. 开放时代, 2017 (5).

[31] 田先红. 条块体制下县域政府的动员机制——以 A 县阶段性重点工作为例 [J]. 求索, 2019 (6).

[32] 温顺生. 集中连片特殊困难地区基础设施建设大会战模式的生成逻辑与可行性分析 [J]. 中国农村研究, 2013 (2).

[33] 温顺生. 跨部门协同视野下的组织化动员运行机制研究——以广西集中连片特殊困难地区基础设施建设大会战为例 [J]. 中国农村研究, 2014 (1).

[34] 黄承伟. 东西部扶贫协作的实践与成效 [J]. 改革, 2017

（8）.

[35] 李振杰. 东西部扶贫协作　高要区与龙胜县对接扶贫协作完善协作机制　发挥两地优势 [J]. 源流, 2018 (1).

[36] 陈世海. "三个全覆盖"探索东西部扶贫协作新模式 [J]. 当代贵州. 2019 (40).

[37] 李尧磊, 韩承鹏. 东西部职业教育协作参与滇西扶贫的模式研究 [J]. 中国职业技术教育, 2018 (9).

[38] 祝慧, 雷明. 东西部扶贫协作场域中的互动合作模式构建——基于粤桂扶贫协作案例的分析 [J]. 苏州大学学报（哲学社会科学版）, 2020 (1).

[39] 本刊编辑部. 以创新谋突破　贫困地区科学发展的新成效——记河池、百色新一轮扶贫开发的新实践 [J]. 广西经济, 2014 (6).

[40] 王晓毅. 以精准扶贫打破留守与贫困的因果链 [J]. 国家治理, 2015 (30).

[41] 姚卫. 西部扶贫模式研究的文献综述 [J]. 中国民航飞行学院学报, 2012, 23 (04).

[42] 李勇. 中国东西扶贫协作的政策背景及效果分析 [J]. 老区建设, 2011 (14).

[43] 王海波. 小康路上"粤"来越好——2019年粤桂扶贫协作综述 [J]. 当代广西, 2020 (1).

[44] 甘泉, 骆郁廷. 社会动员的本质探析 [J]. 学术探索, 2011, (12).

[45] 胡佳. 迈向整体性治理：政府改革的整体性策略及在中国的适用性 [J]. 南京社会科学, 2010 (05).

[46] 唐皇凤. 社会成长与国家治理——以中国社会治安综合治理

为分析对象 [J]. 中南大学学报（社会科学版），2007，13（2）.

[47] 程李华. 现代国家治理体系视阈下的政府职能转变 [D]. 中共中央党校，2014.

[48] 田培杰. 协同治理：理论研究框架与分析模型 [D]. 上海交通大学，2013.

[49] 孔威. 滇桂黔石漠化广西片区扶贫开发战略研究 [D]. 广西大学，2014.

[50] 叶开杏. 广西农村贫困测度及扶贫开发研究 [D]. 广西大学，2013.

[51] 吕祥乾. 云南集中连片特困地区扶贫开发模式研究 [D]. 云南师范大学，2014.

[52] 张晓婧. 吕梁山区集中连片特困地区的贫困问题研究 [D]. 山西财经大学，2014.

[53] 李蓓. 农村公共产品项目式供给逻辑与支持网络——基于浙江省 F 村的考察 [D]. 浙江师范大学，2014.

[54] 范小建. 集中连片特困地区成为主攻区 [N]. 人民日报，201-12-07（2）.

[55] 中共中央关于全面深化改革若干重大问题的决定 [N]. 人民日报，2013-11-16.

[56] 韦继川. 携手共圆小康梦——粤桂推动东西扶贫协作纪实 [N]. 广西日报，2018-6-13（1）.

[57] 习近平. 在决战决胜脱贫攻坚座谈会上的讲话 [N]. 人民日报，2020-03-07（2）.

[58] 自治区扶贫办. 五年来，广西年均减贫120多万人 [N]. 广西日报，2017-10-16（24）.

[59] 温顺生. 整体政府视角下的欠发达地区公共服务供给机制创

新——以广西东巴大会战的组织化动员运行为例［C］//中国行政管理学会. 中国行政管理学会 2011 年年会暨"加强行政管理研究，推动政府体制改革"研讨会论文集. 北京：中国行政管理学会 . 2011（18）.

　　［60］温顺生. 欠发达地区农村公共服务供给模式创新的机理——基于广西系列基础设施建设大会战现象的分析［C］//中国行政管理学会. 中国行政管理学会 2010 年会暨"政府管理创新"研讨会论文集. 北京：中国行政管理学会，2010（17）.

英文文献

　　［1］Rowntree B S. Poverty：a study of town life［M］. Macmillan，1901.

　　［2］World Bank. Word Development Report 1980：Poverty and Human Capital Development［M］. Hie World Publication，Washing D. C，1980.

　　［3］Amartya S. Development as freedom［M］. Oxford：Oxford University Press，1999.

　　［4］Word Bank. World Development Report 2000/2001：Attacking Poverty［M］. The Word Bank Publication，Washington，D. C. 2000.

　　［5］Merton R K，Nisbet R A. Contemporary social problems：an introduction to the sociology of deviant behavior and social disorganization ［M］. Harcourt College Pub，1976.

　　［6］Word Bank. World Development Report 2010［M］. The Word Bank Publication，Washington，D. C. 2010.

附　录

附录 A：集中连片特困地区基础设施建设贫困农户调查问卷

_____县_____镇（乡）_____村_____屯

调查者：_____　　调查时间：_____

【说明】

1. 本问卷为无记名随机抽样调查，调查对象为"十二五"整村推进项目村的农户。

2. 回答问题时，直接在备选答案编号处打勾即可（需要填写具体内容的除外）。

3. 标注为"可多选"的，选一个或一个以上选项；未标注选择几项的，只能勾选一个选项。

4. 本调查采用匿名制，数据仅用于课题统计分析。我们以无记名投票进行本次调查，对您提供的信息予以保密；此次调查将作为制定政策的重要依据，并与您的切身利益密切相关，请您根据实际情况，在相应的选项处打"√"，需要自己填写的，请在"—"上如实填写。希望得到您的认真配合，衷心感谢您的支持与合作！

5. 联系人：温顺生

一、基本情况

农户基本信息

调查对象姓名：		性别：	年龄：	民族：
贫富等级：①五保户　②贫困户　③一般户 ④较好户　⑤富裕户		职务：	政治面貌：	
家庭成员中是否有村干：①有　②没有		家庭成员中是否有党员：①有　②没有		
家庭人口：＿＿人	家庭劳动力（18~60岁）＿＿人，其中女＿＿人，男＿＿人。			
文化程度：	①小学以下；②小学；③初中；④中专；⑤高中；⑥大专； ⑦本科；⑧本科以上。			
非农工作经历：	①服兵役；②外出务工；③个体经商；④开办企业； ⑤担任干部（含教师）。			

二、基础设施建设的基本概况

1. 您所在村的道路、小型水利、饮水、卫生室、村文化活动中心等基础设施建设的融资渠道是什么（可多选）？

①政府投资

②私人投资

③村民自筹资金

④"政府投一点，群众自愿出一点"

2. 有哪些部门或组织、个人在您所在的村庄开展过道路、小型水利、饮水、卫生室、村文化活动中心等基础设施建设（可多选）？

①政府主导的"整村推进"基础设施建设大会战模式

②领导干部挂点帮扶（驻村第一书记）

③民营企业帮扶

④发达地区对口帮扶

⑤ "单位包村"

⑥村民自建

⑦社会组织扶贫

⑧军队和武警扶贫

3. 您所在的村庄基础设施建设项目有没有考虑当地的现实情况?

①有

②没有

③不清楚

4. 您所在的村庄基础设施建设项目有没有符合贫困户的现实需求?

①有

②没有

③不清楚

5. 您所在的村庄实施基础设施建设项目选择的时候有没有征求您的意见?

①有

②没有

③不清楚

6. 您所在的村庄具体实施基础设施项目建设选择的时候有没有征求您的意见?

①有

②没有

③不清楚

7. 您所在的村庄最紧迫需求的基础设施建设项目是(根据实际情况填写,可多写):

三、农村基础设施建设项目运行情况（2011—2014 年）

（一）基础设施建设项目参与度和满意度

项目类别	参与的具体项目 （选出参与的项目）	参与环节（可多选）	满意程度	满意与否的原因（可多选）
村级规划	①是 ②否	①参与项目规划的村民讨论会 ②参与贫困分析 ③参与规划 ④参与后续管理方案的讨论和规划	①很满意 ②比较满意 ③一般 ④不太满意 ⑤很不满意	满意的原因是： ①充分体现了群众的需要 ②整体运行透明 ③上级组织得好，帮助多 ④其他 不满意的原因是：_____
生产性基础设施建设	①道路 ②小型水利 ③入户自来水 ④蓄水池/水柜 ⑤危房改造 ⑥基本农田改造（如土地平整） ⑦设施农业（如大棚） ⑧通电	①参与项目讨论 ②选址、路线选择 ③投工投劳 ④参与采购 ⑤参与监督 ⑥参与后续维护	①很满意 ②比较满意 ③一般 ④不太满意 ⑤很不满意	满意的原因是： ①充分体现了群众的需要 ②项目的整体运行透明 ③参与项目的管理或监督 ④方便了群众 ⑤上级组织得好，帮助多 ⑥其他_____ 不满意的原因是：_____
生态建设和环境保护	①厕所 ②村内垃圾和污水处理项目 ③沼气池 ④太阳能 ⑤节能灶 ⑥绿化	①参与项目讨论 ②参与选址 ③投工投劳 ④参与采购 ⑤参与监督 ⑥参与后续维护	①很满意 ②比较满意 ③一般 ④不太满意 ⑤很不满意	满意的原因是： ①充分体现了群众的需要 ②项目的整体运行透明 ③参与项目的管理或监督 ④上级组织得好，帮助多 ⑤改善了环境卫生 ⑥其他_____ 不满意的原因是：_____
公共服务和社会事业建设（农村社会发展基础设施）	①村幼儿园、小学 ②合作医疗 ③卫生室 ④村文化活动中心 ⑤球场　⑥舞台 ⑦广播电视 ⑧农民专业合作组织 ⑨互助资金组织 ⑩实用技术培训 ⑪劳动力转移培训	①参与项目宣传会议和讨论 ②参与选址 ③投工投劳 ④参与采购 ⑤参与监督 ⑥参与后续维护 ⑦申请贷款并获得	①很满意 ②比较满意 ③一般 ④不太满意 ⑤很不满意	满意的原因是： ①充分体现了群众的需要 ②项目的整体运行透明 ③参与项目的管理或监督 ④上级组织得好，帮助多 ⑤丰富了休闲娱乐活动 ⑥减轻了医疗负担 ⑦其他_____ 不满意的原因是：_____

（二）基础设施建设项目成效（农户生产生活变化）

1. 您认为基础设施建设在改善您的家庭及您的生产生活状况方面是否带来了收入的变化？

①很好

②较好

③一般

④差

2. 本村道路修通后，您家发生了哪些变化（可多选）？

①方便了农产品运输

②购买了摩托车

③购买了农用车

④购买了小汽车

⑤修建了新房

⑥方便了子女上学

⑦其他_____

3. 实施基础设施项目建设以前您个人的平均月收入大概是多少元？

①500 元以下

②500~1000 元

③1000 元以上

4. 实施基础设施项目建设以后您个人的平均月现金收入大概是多少元？

①500 元以下

②500~1000 元

③1000 元以上

5. 您认为基础设施建设的成效主要体现在哪些方面（可多选）？

①增加家庭收入

②改善生活环境

③提高生产技能

④保护民族文化

⑤保护生态环境

⑥家庭成员文化教育程度提高

⑦提高了生产环节

6. 您认为农村基础设施建设存在的问题是什么（可多选)？

①领导干部不重视

②多头管理整合难

③项目对接程序多

④资金资源投入少

⑤后续项目跟不上

⑥扶贫监管不到位

⑦贫困人群参与程度低

（三）项目后续管理情况

1. 个人认识

（1）你村道路、垃圾池等基础设施建成之后，村子环境有什么变化？

①明显变好

②稍有改善

③没有变化

④稍微变差

⑤明显变差

（2）您认为村子（道路、垃圾池等）基础设施建成之后的管理重要吗？

①非常重要

②重要

③一般

④不重要

（3）您认为基础设施建成之后的管理给您的生活是否带来方便？

①是

②否

（4）您家是否有人参与基础设施的后续管理和维护？

①是

②否

参与的原因是（可多选）：_____

①村民选举或村委安排；②实现在家就业；③增加收入；④为大家做事；⑤其他_____

没有参与的原因（可多选）_____

①不符合条件；②补贴太少；③没时间；④不喜欢参与村集体事情；⑤其他_____

（5）您家是否愿意为基础设施的维护出钱？

①愿意

②不愿意

愿意的原因（可多选）：_____

①不维护前期的建设就浪费了；②身边很多人都出钱了；③前期参与项目建设有责任感；④群众受益，应该出钱维护；⑤支持村集体事情；⑥其他_____

不愿交钱的原因（可多选）：_____

①对现在的管理不满意；②家中已无人在村里；③有村民不交钱；④县级或以上政府帮出；⑤村集体交；⑥无力支付；⑦其他_____

（6）您家是否愿意参与维护基础设施的投工投劳？

①愿意

②不愿意

愿意的原因（可多选）：_____

①修好之后，群众受益；②前期参与项目，有责任感；③大家都参与了；④支持村集体事情；⑤其他_____

不愿意的原因（可多选）：_____

①家中劳动力不足；②没有时间；③家中已无人在村里；④不喜欢参与集体事情；⑤身体不好；⑥其他_____

（7）您认为本村基础设施建设之后的管理和维护费用应该由谁承担？

①全体村民平摊；②县级或以上政府；③村两委；④征本村土地的公司；⑤其他_____

2. 后续管理模式

项目	有无后续管护制度	谁来管理	管理费			投工投劳			管理/维护效果
			是否收费	收费标准	收费合理性	有无投工投劳	劳动频率	合理性	
项目	0=无 1=有	1=村委干部 2=项目管理小组 3=村民承包 4=符合条件的村民 5=其他	0=不收 1=收费	①按户 ②按人	0=不合理 1=合理	0=没有 1=有	劳动次数	0=不合理 1=合理	0=不满意 1=一般 2=满意
道路清扫和垃圾处理				元					
村级路维修				元					
自来水工程（蓄水池）				元					
村内电网维护				元					

续表

项目	有无后续管护制度	谁来管理	管理费			投工投劳			管理/维护效果
			是否收费	收费标准	收费合理性	有无投工投劳	劳动频率	合理性	
项目	0=无 1=有	1=村委干部 2=项目管理小组 3=村民承包 4=符合条件的村民 5=其他	0=不收 1=收费	①按户 ②按人	0=不合理 1=合理	0=没有 1=有	劳动次数	0=不合理 1=合理	0=不满意 1=一般 2=满意
小型水利				元					
沼气池				元					
活动中心等公共设施				元					
其他				元					

（四）项目开展过程中的困难和问题

1. 在项目的实施过程中，您家遇到了什么困难？

_____

_____

2. 您认为基础设施建设扶贫项目在您村的开展中存在哪些问题？

_____

_____

3. 您对农村基础设施项目建设有哪些建议？

_____

_____

4. 您对项目建成之后的管理有何意见或建议？

_____

_____

附录 B：访谈提纲

一、整村推进县级访谈提纲

（一）县基本情况

1. 县地理位置，气候环境，交通状况、土地基本情况、自然资源状况，社会文化资源状况等。

2. 经济规模、土地面积、耕地面积、人口总数、农业人口、农村人口数、人均收入、农村人均收入、贫困状况、贫困村数目、社会公共事业情况（教育、医疗、卫生、环境）。

（二）项目基本情况

1. 整村推进项目的前期工作。项目村是如何确定的？项目区域的贫困村、贫困农户、示范农户的选取标准是如何制定的？标准是什么？

2. 整村推进项目实施情况。贫困村的资金投入情况（每村财政专项扶贫资金 100 万元以上，整合资金 200 万元以上的），分布情况，比例情况，以整村推进为平台整合资金的目的是否达到。

3. 项目的资金管理。年度资金如何进行计划分配？扶贫补助资金标准及方式如何确定？资金划拨程序是怎样的？有无资金使用的监督机制？

4. 对整村推进验收办法的所有指标进行评估。整个项目实施是否符合当前农村发展实际进行评价，有哪些指标经过多年的实施已经完成，亟须调整。

（三）项目效果与影响

1. 整村推进项目开展的效果如何？给整个县域经济带来什么影响？

做简要评价。

2. 县域农户受益情况。项目覆盖的贫困村、贫困农户、普通农户数量；农户的增收情况；农户的技术水平、管理水平、市场开拓等能力的变化；项目农户与非项目农户的受益情况对比。

3. 项目的示范性。项目的开展对周边村落及农户、对其他产业发展起到了怎样的示范作用？

（四）问题和建议

1. 整个县在整村推进扶贫开发中存在的问题和相关风险有哪些？

2. 对民生问题方面，整村推进项目在指标设置方面的建议和意见。

3. 在整村推进项目扶贫工作中取得的经验、创新之处以及今后的工作重点。

二、整村推进村级访谈提纲

（一）项目村的基本情况

了解本村的基本概况（人口、劳动力、土地面积、主要收入来源、贫困人口数量、基础设施情况、交通通信、教育、卫生医疗、文化娱乐）。

（二）整村推进项目实施情况

1. 整村推进项目的实施概况（何时进驻本村？具体规划的内容？）。

2. 本村如何确定贫困户，确定的过程和标准是什么？

3. 本村项目规划是否成立项目小组？如何决定本村的项目规划？参与的人员是哪些？如何确定参与的人员？具体的人员分工。

4. 项目资金管理制度。参与资金管理的人员的确定程序以及人员的分工、监督。

（三）整村推进项目的效果评价（重点内容）

1. 您认为本村整村推进项目扶贫开发的效果如何？（基础设施、社会公益事业、生产生活条件、村容村貌）做简要评价。

2. 您认为整村推进项目对本村的发展条件、发展能力有无帮助？具体表现。

3. 您了解到的农户对整村推进项目的意见评价如何？给农户带来什么变化和影响？

（四）整村推进项目后续管理

1. 项目是否存在后续管理？后续管理基本情况（管理机构的产生、规章制度、运行方式（用人、财务）、管理方式、人员情况（人员构成、人员数、职责与权利）。

2. 项目后续管理的运营模式（资金来源、管理主体、制度约束）。

3. 项目后续管理效果如何？

4. 项目后续管理存在的困难有哪些？

（五）问题建议

1. 您认为本村在实施整村推进项目扶贫开发中存在什么问题？请举例说明。

2. 您认为本村在实施整村推进项目扶贫开发中有什么风险（资金管理、市场、政策、资源、外部协作、社会、其他风险）？

3. 对今后本村实施整村推进项目扶贫开发有什么意见或建议。

4. 您对本村整村推进项目后续管理有什么意见或建议。

后 记

消除贫困、改善民生、实现共同富裕，是社会主义的本质要求。党的二十大报告指出："中国式现代化是全体人民共同富裕的现代化。"实现全体人民共同富裕是中国式现代化的本质要求之一，以中国式减贫治理推动共同富裕，是促进国家治理体系与治理能力现代化的题中之义。集中连片特困地区以贫困人口多分布广、贫困发生率高和返贫率高而突出，成为扶贫攻坚的主战场。作为我国边疆民族地区的广西集中连片特困地区是广西贫困人口多、贫困程度深、扶贫攻坚难度大的地区，是广西扶贫开发的重点区域。集中连片特困地区的贫困治理作为国家治理的重要组成部分，其体系的完善优化、能力的全面提升，直接影响着国家治理体系和治理能力现代化的有效推进。

近些年来广西壮族自治区党委、自治区人民政府全面贯彻党中央、国务院扶贫开发的一系列方针政策，加大投入力度，出台优惠政策，创新工作机制，不断探索扶贫开发工作新路径，走出了一条中国特色扶贫开发道路，带领广西各族人民筚路蓝缕、栉风沐雨跟贫困做了艰苦卓绝的斗争，取得了扶贫开发的伟大胜利，创造了人类减贫史上的奇迹。作为新时代的理论工作者要有高度的理论自觉，要立足中国大地，总结和提炼中国治理创新的经验事实，向世界传递中国之治的公共管理叙事；有必要对民族地区扶贫开发的实践探索、运行模式进行全面系统的研究、分析、归纳，从而总结出减贫治理规律性、学理性的东西，这既是新时代继续推进贫困治理工作的需要，也是加强全面巩固拓展民族地区脱贫攻坚成果与乡村振兴有效衔接、促进共同富裕理论研究的迫切需要。作为一名土生土长的广西少数民族科研工作者，本人为家乡父老乡亲在征服贫困斗争中迸发出来的一系列气壮山河、感天动地的伟大的脱贫攻坚精神而感动，有义务讲好家乡故事、理解中国之治、探寻中国之理。本书的写作就是我的一种努力与尝试。

经过十个春秋寒暑的不懈探索，本书终于付诸出版了，回想这十年来为该专著付出与努力的一幕幕经历不禁感慨万千。写书犹如攀登高峰，当挥洒着汗水经过一番艰辛的努力登到山顶的时候会有如释重负的自豪感，但是望着诸多更高的山峰，便觉得自己是多么渺小与不足，惴惴不安之感顿生。由于水平有限，书中难免有一些错漏瑕疵之处，真诚欢迎学界同行批评指正。实践发展不停步，学术探索无止境；路漫漫其修远兮，吾将上下而求索！

在本书的调查研究和写作过程中，得到了各部门很多人士的大力支持和帮助。衷心感谢广西壮族自治区乡村振兴外资项目发展中心副主任杨媚、广西壮族自治区乡村振兴局社会扶贫处处长伍兆广，以及广西河池市乡村振兴局、广西环江毛南族自治县乡村振兴局、南宁市发展改革委地区经济和西部振兴科的诸位同志在我长期的调研过程中提供第一手资料，并在协调工作方面给予的无私帮助与指导！非常感谢广西职业师范学院的韦剑老师及我的硕士研究生韦翠园、龚意、黄金丽、陈安琪等同学在资料收集、文字校对等方面一丝不苟的辛勤付出！同时也要衷心感谢我的妻子、女儿、父亲等家人给予我充分的理解与无私的支持！